붓다를 기억하는 사람들

붓다를 기억하는 사람들

김광하 지음

운주사

● 김광하

법명 여운如雲. 1953년 생. 연세대학교 경영학과를 졸업했으며, 재학 중에는 자유교양회와 불교학생회에서 고전을 접했다. 강지천姜智天 선생의 가르침으로 선도仙道에 입문하였고, 대학 재학 중에 구본명具本明 교수의 노장철학과 홍정식 교수의 원시불교론 강의를 들었다. 졸업 후 직장생활을 하다 부산 보림선원寶林禪院 백봉白峰 김기추金基秋 선생 문하에서 불법佛法을 공부했다. 이후 무역업에 종사하면서, 불교경전과 노장을 읽어 왔다.

현재 본업 외에 불교인권복지단체 '작은 손길'에 관여하고 있다.

저서로는 『길 위의 삶, 길 위의 화두』, 『금강경과 함께 역사 속으로』, 『무문관無門關 강송』, 『금강경-깨달음에는 길이 없다』, 『노자 도덕경』이 있으며, 편저로 외국인 노동자를 위한 불교안내서인 『Buddhist is your friend』가 있다. 2002년부터 2003년까지 격월간 〈인드라망〉(인드라망생명공동체 발간)에 '경전산책經典散策'을 연재하기도 했다.

E-mail : khdoy@hanmail.net

붓다를 기억하는 사람들

초판 1쇄 발행 2008년 7월 10일 | 초판 2쇄 발행 2013년 11월 4일
지은이 김광하 | 펴낸이 김시열
펴낸곳 도서출판 운주사

(136-034) 서울 성북구 동소문동 4가 270번지 성심빌딩 3층
전화 (02) 926-8361 | 팩스 0505-115-8361

ISBN 978-89-5746-211-9 03220   값 10,000원

http://cafe.daum.net/unjubooks 〈다음카페: 도서출판 운주사〉

{서문}

성철 스님은 일찍이 '수행을 하다 마음이 흔들릴 때면 언제나 부처님을 생각하라.'고 하셨습니다. 염불念佛, 즉 부처님을 기억하고 마음에 새기는 것은 불자들의 중요한 수행 방법의 하나입니다. 2,500여 년 전의 불자들도 세상사로 마음이 흔들릴 때 부처님을 기억하고 자신을 다잡았습니다. 그들은 직접 부처님을 만났기 때문에 마음속에 떠올리는 부처님의 모습은 지금과 달리 매우 생생했으리라 짐작할 수 있습니다. 오늘 우리 불자들은 염불을 할 때 부처님에 대해 어떤 이미지를 가지고 있을까요?

한 사람을 알려면 먼저 그 사람이 살아온 이력을 보듯, 부처님을 이해하기 위해서는 우선 역사 속에서 살아간 부처님과 그 주위 사람들의 실제 삶을 살펴보는 것이 중요합니다. 이 책은 부처님의 일생을 연대기적으로 서술하는 일반적인 방식과는 달리, 부처님과 주위 사람들 사이에 일어난 특별한 만남이나 사건을 통해 부처님의 모습을 탐구한 책입니다. 특별한 만남이나 사건 속에는 현실의 혼란과 갈등이 생생하게 드러나 있습니다. 우리가 특히 여기에 관심을 갖는 것은 오늘을 사는 우리 또한 혼란 속에 살고 있기 때문입니다.

이 책 전반부에는 가필라국의 왕자 고따마 싯다르타가 출가한 이유와 깨달음을 얻는 과정을 그 시대의 현실에서 이해하고자 했습니다. 이어 부처님을 만난 사람들을 찾아보고, 그들이 왜 부처님을 기억하게 되었는지 살폈습니다. 부처님은 자식을 잃고 실성해 떠돌아다니는 여인이나 청소부를 만나 삶과 죽음을 이야기했으며, 권력을 위해 이복동생들을 죽인 왕이나 전사들을 만나 폭력과 살생에 대해 대화를 나누었습니다. 아울러 경전 속에 나오는 부처님 주변의 에피소드를 소개했습니다. 그 속에는 기쁨과 감동을 일으키는 일도 많지만, 안타까움과 회한을 자아내는 것도 적지 않습니다.

이 책 후반부에는 당대 여러 종교가 추구한 권위와 신비, 욕망과 쾌락에 대해 부처님이 어떻게 판단했는지 살펴보았습니다. 다음으로 부처님과 주위 사람들 사이에서 일어난 갈등을 몇 가지 사건을 통해 살폈습니다. 혼란과 갈등을 있는 그대로 이해할 때 신비와 권위를 넘어 부처님의 참다운 가르침을 발견할 수 있다고 생각합니다. 부처님의 가르침에는 인간이 추구해야 할 자유와 해탈에 대한 부처님의 이상이 담겨져 있습니다. 끝으로, 부처님의 삶과 가르침이 풍요와 빈곤, 발전과 환경파괴가 공존하는 이 시대의 혼란에 어떤 의미가 있는지 생각했습니다.

이 책은 2007년 9월부터 불교봉사단체 작은손길의 봉사자와 니르바나 필하모닉 오케스트라의 후원자들과 함께 부처님의 일생을 공부하면서 만든 강의안을 다시 정리한 것입니다. 경전을 인용하면서 고어체는 일반 독자들을 위해 현대적인 언어로 바꾸었습니다. 같은 사람인데도 한역 경전과 빠알리어 경전에서 서로 다르게 음역한 것은 가능하면 원전인 빠알리어 번역에 맞추어 통일했으며, 책 속에서 이 점을 따로 밝혔습니다. 경전 속성상 반복되는 구절은 독자들을 위해 요약했습니다. 혹 경전을 인용하면서 오류가 있다면 모두 저의 책임입니다.

이 책을 내면서 무엇보다 감사를 드리고 싶은 분들은 부처님의 가르침을 전한 역대 역경사들입니다. 싼스크리스트어 경전을 한역한 역경사들을 위시해, 한역 경전을 우리말로 옮겨준 동국역경원과 근래 빠알리어 경전을 우리말로 번역한 여러 분들에게 감사드립니다. 이 분들이 있었기에 오늘 우리가 부처님의 가르침을 만날 수 있습니다.

이 기회에 저를 아껴주신 모든 분들에게 감사드립니다. 젊은 시절, 불연을 맺게 해주신 경봉 스님과 울진 불영사 일휴 스님께 감사드립니다. 수행의 본분을 일깨워주신 백봉 김기추 선생님, 학문적인 사색과 역사의식의 소중함을 가르쳐주신 구본명 교수님과 원시불교 강의를 듣게 해주신 홍정식 교수님께 감사드립니다.

아울러 가족과 도반들에게 고마움을 전합니다. 회사 일과 작은손길 활동 속에서도 틈틈이 글을 쓰도록 격려해준 주위 사람들이 있었기에 이 책이 나올 수 있었습니다. 끝으로 제가 쓴 글을 언제나 기꺼이 출판해주는 운주사 김시열 사장께도 감사드립니다.

이 책을 통해 불교가 이 시대에 어떤 의미를 주는지 사색하는 분들에게 작으나마 도움이 되기를 바랍니다.

2008년 5월 사명당의 집에서
여운如雲 김광하 합장

서문	5

1. 한 사람의 일생을 보는 시각 — 11

2. 부처님의 탄생과 출가 동기 — 23

3. 부처님의 수행역정
　　선정의 스승들과 함께 — 43
　　고행과 마지막 선택 — 54
　　행복한 깨달음 — 63

4. 기쁨과 망설임
　　깨달은 자가 보는 세상–연기법 — 76
　　어머니를 섬기지 않는 이유–사성제와 팔정도 — 95
　　경멸과 모욕을 받으며 — 108

5. 부처님을 기억하는 사람들
　　수행 — 120
　　아들을 잃은 여인 — 125
　　청소부 — 129
　　세 가지 굴레에서 벗어난 여인 — 134
　　수제자 싸리뿟따의 고백 — 136
　　이복형제들을 죽인 빠세나디 왕 — 140
　　하늘나라를 믿는 전사들 — 146
　　기생 — 154
　　재가불자–찟따 장자 — 158
　　마지막 한 사람 — 167

6. 에피소드
- 밥을 얻지 못한 부처님 … 172
- 부처님께 설법하는 비구 … 175
- 더운 물을 얻으러 다니는 시자 … 178
- 사촌과 마부 … 180
- 죽음을 넘어선 우빠쎄나 존자 … 185
- 명예 … 189
- 유혹①-발우 … 195
- 유혹②-비구와 비구니 … 200
- 신발 … 208
- 비구들의 자살 … 218
- 서로 다른 관심 … 225

7. 세상의 결박
- 나이의 우상 … 232
- 권위와 신비 … 240
- 열 가지 결박 … 246

8. 분열과 갈등
- 꼬삼비 비구들의 싸움 … 254
- 데바닷따의 독립 … 259

9. 부처님의 후계자 … 265

10. 참사람의 길 … 273

1. 한 사람의 일생을 보는 시각

우리가 이렇게 공부 인연을 맺는 것은 불자로서 우리 자신의 삶을 반추하기 위한 것입니다. 부처님은 빈 집이나 나무 밑에서 자신의 마음을 살피라고 가르쳤습니다. 삶을 반추하기 위해서 가장 필요한 것은 자신의 삶을 있는 그대로 보는 것입니다. 자신의 삶을 있는 그대로 보기 위해서는 조금 멀리 떨어져서 볼 필요가 있습니다. 불교에서는 이것을 원리遠離, 즉 멀리 떨어짐이라고 합니다.

 원리는 글자 그대로 시끄러운 곳에서 멀리 떨어지는 것입니다. 멀리 떨어져 있어야 지금까지 갈등을 일으켜온 사고나 감정을 바라볼 수 있습니다. 따라서 원리는 현재의 흐름을 잠시 멈추는 것을 의미합니다. 자신의 사고나 감정을 멈출 때 우리의 사고나 지성이 자신을 되돌아볼 수 있는 자유를 얻습니다. 그러므로 원리는 지관止觀을 의미합니다. 멀리 떨어지는 것은 이처럼 마음을 비우고 지금까지 살아온 자신의 사고와 감정을 포함한 의식 전체의 상황을 보는 것을 뜻합니다. 이럴 때 우리의 지성은 자유를 얻어 자신의 현 상태에 대해 질문을 던질 수 있습니다.

어린아이들은 사물을 대할 때마다 질문을 합니다. 아직 전통을 그대로 받아들이는 것에 익숙하지 않기 때문입니다. 해서, 아이들의 눈으로 볼 때 자연적인 상태와 인위적인 관습 사이의 모순이 쉽게 눈에 띕니다. 그러나 아이들은 점차 자라면서 전통과 관습이 강요하는 대로 현실을 받아들입니다. 그 실상은 합리적인 이해의 과정이라기보다 대부분 강압적인 설득이나 복종의 과정입니다. 이 적응과정은 모든 질문을 봉쇄하는 반지성적인 것이 그 특징입니다. 그래서 아이들은 커 가면서 점차 질문하는 일이 줄어듭니다. 지성이 자유롭기 위해서는 끊임없이 자신의 사고와 감정을 살펴야 하며, 익숙한 것에 질문을 던져야 합니다.

제일 먼저 우리가 살피고자 하는 것은 우리의 기억에 관한 것입니다. 경전은 모두 부처님에 대한 기억을 되살린 것입니다. 그러므로 기억에 대해 잘 이해하면, 경전 자체의 전체적인 성격을 이해할 수 있습니다. 즉, 누가 언제 어떻게 결집하고 수정하고 보완했는지 알수록 경전의 내용에 대해 객관적인 이해를 할 수 있습니다.

옛날에는 참서(예언서)가 많았습니다. 언제 전쟁이 난다거나 아무개가 왕이 된다는 이야기를 적은 책이지요. 『정감록』이 좋은 예입니다. 이런 책의 전후 성립 배경을 모르고 읽으면 그 내용을 맹목적으로 믿게 됩니다. 뜻이 애매하거나 신비롭게 보이는 구절을 해석하느라 그 책을 누가 어떤 의도로 만들었는지 파악하려는 지성이 일어나지 않습니다. 우리가 불교 경전을 읽을 때도 같은 오류를 범하고 있는 것은 아닌지 살펴야 합니다. 저는 그동안 살아오면서 적지 않은 사람들이 출처불명의 경전을 붙들고 그 경전을 해석하는 데 평생을 보내는 것을 보았습니다. 불교 경전은 사람이 전한 것이지, 신의 계시가 담겨져 있는 책이 아닙니다. 따라서 경전에는 경전을 전하는 사람의 관심과 기억이 담겨져 있습니다.

부처님이 깨달음을 전한 지 얼마 되지 않아 불교가 널리 퍼진 것은 그 당시 불교학원이 많아서가 아니었습니다. 지금처럼 통신시설이 발달되지 않았던 시대에 사람들은 어떻게 부처님의 가르침을 듣고 귀의하게 되었을까요? 부처님이 보여준 언행을 듣고 귀의한 것이 아닐까요? 그렇다면 그 귀의는 한두 가지 마음에 남는 일이나 사건을 통해 부처님의 행위나 가르침을 직접 보거나 들었기 때문이지, 지금처럼 교리나 경전을 여러 달 또는 여러 해에 걸쳐 배워서 귀의했다고 보기 어렵습니다.

오늘 우리의 기억 속에 있는 부처님은 어떤 모습입니까?

우리가 염불, 즉 부처님을 생각한다고 할 때 그 속에는 무엇이 있습니까?

부처님의 칭호를 소리 내어 부르는 것을 나쁘다고 말하는 것이 아닙니다. 제가 묻고 싶은 것은 오늘 부처님의 이름을 부르는 불자들이 마음속에 어떤 기억을 가지고 있느냐는 것입니다. 그 옛날 부처님을 직접 만난 사람들이 가진 기억과 같은 것일까요? 부처님과 함께 지냈던 사람들의 기억 속에는 부처님과의 만남이 특별한 경험으로 자리잡고 있습니다. 그 기억을 통해 자신을 성찰하며, 자비로운 마음을 품게 되고, 깨달음을 얻기도 합니다. 만약 염불을 통해 절대적인 존재와의 만남을 경험한다면, 그 존재는 역사와 현실에서 살아 있는 부처님과는 다르다고 하지 않을 수 없습니다.

우리의 기억 속에 있는 부처님은 우리가 직접 만나서 형성된 이미지가 아니라 교육에서 왔다고 할 수 있습니다. 이 교육은 우리나라의 불교적인 전통을 반영하고 있습니다. 그 대표적인 것이 『팔상록』입니다. 『팔상록八相錄』은 부처님의 생애를 크게 8가지로 나누어 기록한 것인데, 그 내용은 다음과 같습니다.

① 도솔래의상: 도솔천에서 내려옴

② 비람강생상: 룸비니동산에서 마야부인에 의해 태어남

③ 사문유관상: 동서남북 네 성문을 들러 늙음·병듦·죽음·수행자를 목격함

④ 유성출가상: 나이 29세에 아내와 아들을 두고 성 밖으로 출가함

⑤ 설산수도상: 깨달음을 위해서 6년간 설산에서 수도함

⑥ 수하항마상: 35세 되던 해 보리수 아래서 모든 번뇌를 항복받고 깨달음을 얻음

⑦ 녹원전법상: 녹야원의 다섯 수행자들에게 최초로 법을 설함

⑧ 쌍림열반상: 사라쌍수 아래에서 열반에 듦

『팔상록』은 연대기 형태로 사람에 대해 기억하는 방식입니다. 요사이로 말하면 이력서 형태로 한 사람을 설명하는 방식입니다. 우리가 어렸을 때 조선시대 왕의 이름을 태정태세문단세 예성연중인명선 등으로 외우는 방식과 비슷합니다.

칠순 잔치에 가면 아주 흔하게 이런 비슷한 방식을 볼 수 있습니다. 즉 사회자가 주인공의 이력, 언제 태어나고 언제 어느 학교를 입학하여 언제 졸업을 했으며, 언제 결혼하고 어떤 단체의 직책을 맡았는지 등을 나열하여 들려줍니다.

과연 밖으로 보이는 이력이 그 사람을 말해줄까요? 사람들이 잔치의 주인공을 과연 연대기순으로 기억하고 있을까요? 어릴 때부터 할머니와 가깝게 지내온 손자들은 과연 사회자가 말하는 연대기 형태로 할머니를 기억하고 있을까요? 연대기 방식은 그 사람이 가졌던 갈등과 고민, 우정, 사랑을 설명하지 못합니다. 그런데도 사람들이 이런 방식을 주장하거나 집착하는 이유가 어디 있을까요?

기독교에도 비슷한 예를 볼 수 있습니다. 『사도신경使徒信經』에는 예수님의 일생을 이렇게 표현하고 있습니다.

"전능하사 천지를 만드신 하나님 아버지를 내가 믿사오며

그 외아들 우리 주 예수 그리스도를 믿사오니,
이는 성령으로 잉태하사 동정녀 마리아에게 나시고
본디오 빌라도에게 고난을 받으사,
십자가에 못 박혀 죽으시고,
장사한 지 사흘 만에 죽은 자 가운데서 다시 살아나시며,
하늘에 오르사 전능하신 하나님 우편에 앉아 계시다가,
거기로부터 산 자와 죽은 자를 심판하러 오시리라.……"

이 『사도신경』은 전승에 따르면 12사도들이 작성했다고 하나 실제로는 초기의 세례예비자용 문답례에서 발전했다고 합니다. 이 『사도신경』을 보면 역시 『팔상록』과 비슷한 사고 형태를 볼 수 있습니다. 즉 성인의 삶을 연대기 순으로 이해하는 방식입니다. 고 안병무 박사는 기독교 신자들이 이런 방식으로 예수님을 이해하면, 예수님이 무엇을 위해 사셨는지, 무엇을 고민하고, 누구에 의해 왜 핍박을 받았는지, 누구를 만나 무엇을 말했는지를 묻지 않게 될 위험이 있다고 말했습니다.

『팔상록』의 내용을 부처님의 일생으로 받아들이면, 부처님이 왜 출가를 하셨는지, 무엇을 왜 고민하셨고, 누구에게 무슨 말을 했는지 알기 어렵습니다. 『팔상록』은 그 분의 삶 자체가 매우 추상적으로 그려져 있습니다. 물론 『팔상록』은 부처님의 일생을 쉽고

간단하게 배울 수 있는 교육적 이점이 있습니다만, 오히려 이 점 때문에 부처님을 관념적이고 도식적으로 이해할 위험이 있습니다. 『팔상록』속에는 부처님을 만난 사람들의 진솔한 경험이나 그분을 그리는 살아 숨쉬는 이야기가 없기 때문입니다.

그렇다면 연대기 식으로 자신의 교조를 이해하려는 동기는 어디에 있을까요? 연대기적인 이해방식은 둘 다 종교가 성할 때 일어난 점에서 공통적입니다. 그렇다면 종교의 규모가 커지는 것과 연대기적인 이해방식은 서로 어떤 관계가 있을까요? 사람을 연대기적으로 이해하면 그 사람의 삶에 대해 회의하거나 사색하는 지성이 과연 일어날 수 있을까요?

사마천이 쓴 역사책 중에 우리에게 잘 알려져 있는 것은 『사기열전』입니다. 사마천은 『사기열전』에서 역사에 남을 사람들에 대해 그의 일생을 그렸습니다. 그러나 사마천은 한 사람의 일생을 설명할 때 여러 긴 이야기를 나열하지 않았습니다. 전국시대의 사상가 장자에 대해 설명할 때도 장자에 대한 구구한 이야기를 적지 않았습니다. 단지 장자가 초나라의 사신을 만난 이야기를 이렇게 들려줍니다.

초나라 위왕이 장자가 현인이라는 말을 듣고 후한 예물과 함께 사자를 보내어 재상으로 맞이하려고 했다. 장자는 웃으면서 초나라 사자에게 말했다.

"천금은 막대한 금액이고 재상은 존귀한 지위이다. 그런데 그대는 교외에서 하늘에 지내는 제사에 희생되는 소를 보지 않았는가? 그 소는 수년 동안 소중히 사육되어 자수 무늬가 있는 비단 옷이 입혀져 태묘로 끌려 들어간다. 이때를 당해서 희생으로 죽기 싫다고 하여 새끼 돼지가 되겠다고 하더라도 어찌 그렇게 될 수 있겠는가? 자, 빨리 돌아가시오. 이 이상 나를 더럽히지 마시오. 나는 도리어 더러운 시궁창에서 유유히 놀고 싶소. 국가를 가진 자, 제후들에게 구속되고 싶지 않소. 죽을 때까지 벼슬같은 것은 하지 않고 내 마음대로 즐기고 싶소."

_사마천, 『사기열전』 중 노자 한비 열전

사마천은 당시 제후가 보낸 사자와 장자가 나눈 문답을 보여줌으로써 장자의 인물됨과 그의 사상을 한 눈에 보여주고 있습니다. 장자에 대한 연대기보다 이 한 편의 문답이 장자의 진면목을 우리에게 알려주고 있는 것입니다. 『사기열전』을 읽다보면, 부처님의 일생을 공부하는 우리에게 많은 시사를 줍니다.

부처님을 이해하기 위해서는 부처님이 어떤 삶을 살았으며, 동시대의 어떤 사람들과 무슨 이야기를 나누었는지 살펴야 하며, 동시에 당시 부처님을 만난 동시대 사람들의 관심이 어디에 있었는지 주의를 기울여야 합니다. 그래야 그분들이 부처님을 기억하는 이유를 알 수 있으며, 왜 그분들이 다른 사람에게 불교를 권유했는지 알 수 있습니다. 나아가 부처님의 탄생이 당시 주위 사람들에게 어떤 의미를 주는지 그들의 눈으로 살펴볼 필요가 있습니다. 관심과 기억이 특별한 경험을 만들기 때문입니다.

우리가 초기 경전에 대해 관심을 가지는 것은 바로 이런 이유에서입니다. 그러기 위해서는 부처님의 존재를 절대화하고 신화화하는 종교적인 권위에서 벗어나야 합니다. 교조를 절대화하는 의도나 권위에 맞서기는 결코 쉽지 않습니다. 권위를 넘어서기 위해서는 고도의 지성과 진실에 대한 용기가 필요합니다.

지성知性이 언제나 환영을 받았던 것은 아닙니다. 때로는 종교 내에서도 반지성적인 수행이 일어나기도 합니다. 예를 들어 서양의 중세기는 가톨릭이 정치와 문화를 지배했던 시기입니다. 그리고 이 시기를 암흑시대라고 합니다. 이성과 합리가 자리할 수 없었기 때문입니다. 학문과 예술의 자유로운 추구는 기존 성경의 내용을 위협했기 때문에 과학을 연구하거나 민속적인 전통문화를 지키는 사람을 사탄이라는 이름으로 화형시켰습니다. 갈릴레오가 그 한 예이며, 민간에서 내려온 의술이나 민속 문화를 이어가는 여자들을 마녀라는 이름으로 화형을 한 것 또한 그 예입니다. 이 시대의 교회 성직자들 중에는 훌륭한 분들이 많았습니다. 그들은 규칙적인 생활을 하고 검소한 삶을 살았습니다. 그러나 그들의 세계관과 사물 이해에는 비합리적인 도그마와 환상이 많았다고 서양철학자 버트란트 러셀은 지적하고 있습니다. 이처럼 종교적 권위는 수행과 깨달음을 밖으로 내세우며 자유로운 지성을 억압하기도 합니다.

불교가 현실의 고통을 외면하고 있다면, 이상과 현실에 대한 괴리를 자각할 수 있는 지성이 억압되어 있기 때문입니다. 불교를 국교로 받들고 있는 태국을 보아도 그렇습니다. 태국은 불교가 국교이지만 에이즈 때문에 사람들이 가장 많이 고통 받고 있는 나라이기도 합니다. 그들이 불경에서 배운 자비가 현실과 어떤 관계가 있는지 물어야 합니다. 20여 년 전 태국에서 청백리로 인기가 있던 잠룽 시장이 한국에 왔을 때입니다. 우리나라 여성단체에서 이들을 초청했습니다. 여성단체의 한 회원이 태국 여성들이 에이즈로 고통 받는 현실에 대해 질문하자, 잠룽 시장의 부인은 모두 그 사람들의 전생의 업보 때문이라고 대답했습니다. 당시 이 말을 듣던 사람들의 실망이 이만저만이 아니었던 것으로 기억합니다. 과거의 업이 현재의 모든 것을 결정한다는 생각이 부처님의 가르침일까요?

최근에는 테레사 수녀가 자신이 믿는 신의 존재에 대해 회의를 한 서간이 공개되어 여론의 관심을 끌었습니다. 강인한 행동 속에 강한 믿음이 있다고 믿기 쉽지만, 이것 또한 환상이기 쉽습니다. 테레사 수녀는 최근 공개된 편지에서처럼 신의 존재에 회의를 하고 있다고 가까운 사람에게 말했습니다. 저는 오히려 이러한 태도야말로 진리를 추구하는 열린 사색이라고 평가하고 싶습니다. 회의와 갈등을 있는 그대로 받아들일 때, 비로소 억압된 지성이 살아나며 인간적인 성숙이 이루어진다고 믿기 때문입니다.

　새벽에 일어나 종일 기도하고 단식을 하며 남들이 따르기 어려운 삶을 살았다고 해서 그 성직자의 인식이 언제나 옳고 합리적인 것은 아닙니다. 러셀이 지적했듯, 서양 중세기의 역사가 이를 증명합니다. 마찬가지로 우리의 지성이 우상의 동굴에서 벗어나기를 원한다면 권위나 모방도 거부해야 합니다. 부처님은 누가 아무리 전통과 권위를 가지고 가르치더라도 스스로 경험해서 결과가 일치하지 않으면 진리가 아니라고 말했습니다. 부처님 당시에도 부처님보다 더 오랜 세월 고행과 선정을 한 수행자들이나 스승들이 많았습니다. 그러나 부처님은 선정과 고행을 아무리 오래 수행했더라도 그 사람의 실제 삶이 미움과 탐욕에서 자유로워졌는지 살피라고 말씀했습니다.

　우리는 2,500년 전의 석가모니 부처님을 직접 만날 수 없습니다. 그러나 부처님을 만난 그 당시 사람들의 기억을 통해서는 만날 수 있습니다. 그러기 위해서는 당시 부처님을 만난 사람의 관심이 어디 있었는지 이해해야 하며, 그들이 왜 부처님을 지혜와 자비의 존재로 기억했는지 탐구할 필요가 있습니다. 이렇게 부처님을 관심과 기억의 대상으로, 현실과 역사에서 하나의 특별한 경험으로 이해할 때, 부처님의 깨달음과 자비가 살아 있는 모습으로 우리에게 다가올 것입니다.

2. 부처님의 탄생과 출가 동기

이번 주제는 부처님의 탄생과 출가 동기입니다. 부처님이 태어났을 때 주위 사람들은 어떤 생각을 했을까요? 이 주제에 접근하기 위해서는 그들의 관심이 어디에 있었는지 밝혀야 합니다. 그래야 그들이 부처님의 탄생을 보는 입장을 이해할 수 있습니다.

부처님은 꼬살라국의 속국인 가필라라는 작은 나라의 왕자로 태어났습니다. 『과거현재인과경』을 보면, 부처님이 태어나자 부왕 숫도다나는 아시타 선인을 초청해 아기의 미래를 물어봅니다. 아버지는 아기가 장차 커서 천하를 다스리는 전륜성왕이 되기를 바랐습니다. 전륜성왕轉輪聖王은 세상을 다스리는 수단으로 무력이 아닌 진리의 바퀴를 굴리는 전설 속의 왕입니다. 아시타 선인은 아기가 29살이 되면 전륜성왕이 되거나, 출가하여 깨달음을 얻어 널리 천상과 인간을 제도할 것이라고 하면서도, 그러나 반드시 출가하여 세상을 제도할 수행자가 될 것이라고 단언합니다. 이 이야기에는 이미 이 아기가 아버지의 기대를 저버리고 다른 길을 걸으리라는 갈등을 암시되어 있습니다.

경전『숫타니파타』제3장 '날라카 경'에서는 아시타 선인이 오직 아기가 커서 진리의 바퀴를 굴릴 것이라는 예언만 합니다. 즉, 『숫타니파타』에는 싯다르타 왕자가 전륜성왕이 될 가능성에 대해서는 처음부터 말하지 않고 있습니다. 다만 아시타 선인은 자신이 너무 늙어 이 아기가 깨달음을 얻었을 때 그 진리를 들을 수 없는 것을 슬퍼했습니다.

이 전설들은 당시 사람들의 어떤 관심을 반영하고 있을까요? 사람들은 왜 이 이야기들을 기억하고 경전에 전하고 있을까요?

한편, 아버지 숫도다나 왕은 아들이 자라 장차 인도의 여러 국가를 지배하는 왕이 되기를 바라고 있었습니다. 전통에 따라 숫도다나 왕은 나라를 부강하게 만들고자 어린 왕족들에게 무예를 배우게 했습니다. 특히 전사계급인 왕족들에게 전쟁은 당장 내일이라도 적을 죽여야 하는 코앞의 일이기 때문이었습니다.

『과거현재인과경』에 따르면, 싯다르타 왕자는 나이 10살에 무예시합에서 데바닷따(제바달다)와 난다 등의 형제들을 물리치고 왕위를 이을 태자가 됩니다. 무술시합에 이겨 아름다운 공주를 차지하는 것은 고대 인도에서는 흔한 일이었습니다. 그만큼 당시 고대 인도의 모든 나라에서는 나라의 안전을 위해 전쟁에서 이길 강한 체력을 장려했던 것입니다. 싯다르타 왕자가 무술시합에서 이겨 왕위를 이을 세자가 되었다는 것은 어렸을 때 아버지 숫도다나 왕의 기대에 어긋나지 않게 자랐다는 것을 의미합니다.

역사적으로 보면 부처님이 살았던(학자에 따라 여러 이설이 있지만 대개 B.C. 624~544로 봅니다) B.C. 7세기에서 그 뒤 5세기까지 갠지스 강 유역은 7개국에서 2개국으로 줄어가는 약육강식의 전쟁의 시대였습니다. 이 시기에는 폭력과 살생, 약탈이 전쟁의 이름으로 국가간에 빈번히 일어났습니다. 부처님의 나라 가필라는 대국 꼬살라의 속국이었습니다. 꼬살라는 당시 갠지스 강을 사이에 두고 또 하나의 강국인 마가다와 서로 패권을 다투고 있었습니다. 두 대국 사이에는 전쟁이 심했고, 이에 따라 일반 백성이 겪는 고통은 매우 컸습니다. 전쟁을 위해 왕은 세금을 더 걷어야 했으며, 백성을 싸움터에 앞장세웠던 것입니다. 당연히 사람의 생명을 빼앗는 무기도 발달했습니다. 그래서 경전 곳곳에 꼬살라국과 마가다국 사이의 전쟁에 대한 이야기가 실려 있습니다. 현실적으로 이러한 국왕의 학정과 도적의 피해로부터 목숨을 구하기 위해 출가하는 일도 많았습니다.

부처님의 나라가 꼬살라국의 속국이었던 사실은 무엇을 의미할까요?

부처님이 살아 계실 때 석가족은 꼬살라국에 의해 멸망을 당하고 왕족들은 모두 목숨을 잃었다고 합니다. 전해오는 이야기에 의하면, 부처님은 세 번이나 꼬살라국의 군대가 가는 길에 서 있으면서 전쟁을 말렸으나, 결코 전쟁을 막지 못했습니다. 이 이야기가 역사적으로 사실인지 아닌지 확인된 것은 아닙니다만, 그만큼 약한 나라의 지배층이 전쟁에 속수무책으로 노출돼 있었다는 것을 보여줍니다.

전쟁에 이긴 나라가 패배한 나라의 왕족을 몰살시키는 것은 혹 살려두었다가 나중에 반란을 일으킬 것이 두렵기 때문입니다. 당시 카필라국의 왕세자였던 29세의 청년 싯다르타는 세상의 잦은 전쟁이 왕족인 자신과 약소국인 자기 나라의 미래에 무엇을 의미하는지 누구보다 잘 알 수 있는 위치에 있었다고 볼 수 있습니다.

앞에서 말씀드렸듯, 싯다르타의 아버지 숫도다나 왕의 관심은 오직 자신의 나라가 강해져 천하를 다스릴 수 있는 강국이 되는 것이었습니다. 그래서 싯다르타 왕자는 아버지의 뜻에 따라 학문과 무술을 연마합니다. 싯다르타는 구체적으로 무엇을 배우고 닦았을까요? 당시의 역사적 상황에서 왕세자는 전통적으로 무엇을 하고 지냈을까요?

싯다르타는 결혼을 하고 아들을 낳고 나서 29살까지 부왕의 곁에 있었습니다. 당시의 수명으로 본다면, 29살은 벌써 중년에 가까운 나이입니다. 현대 역사학자들의 연구에 의하면, 고대 인도의 왕세자가 하는 일은 왕을 보좌하여 정치와 외교를 배우는 것이었습니다. 왕세자는 부왕을 따라 여러 나라에 외교사절로 함께 갑니다. 그래야 나중에 왕위를 이어받을 때, 이웃나라와 외교관계를 일관되게 유지할 수 있기 때문입니다. 왕세자가 해야 할 또 다른 일은 다음 대를 이어갈 왕으로서 정치를 배우는 것입니다. 정치의 중요한 부분은 지금도 그러하듯, 국방·납세·질서유지를 위한 법집행 등입니다. 특히 국방, 즉 무력을 보유하고 정치질서를 유지하는 것은 왕으로서 매우 중요한 의무입니다. 『과거현재인과경』에는 부처님이 "여러 가지 기예와 전적典籍과 의론서와 천문, 지리, 산수, 그리고 활쏘기와 말타기" 등을 익혔다고 합니다. 의론서인 베다와 논리학, 천문, 지리, 산수와 활쏘기 등은 국가와 왕권을 유지하기 위해서 왕세자가 반드시 익히는 과목이었습니다.

왕은 이외에도 종교의식 집행에도 참석하고 그 실행에 책임이 있었습니다. 당시 기록에는 사제계급(바라문)들이 제사를 많이 지냈다고 합니다. 요사이로 말하면 대통령과 나라를 위한 기도 혹은 제사인 셈입니다. 구체적으로는 전쟁의 승리나 나라의 부강을 위한 제사였습니다. 왕은 이런 제사에 물질적인 후원, 즉 공양물과 희생물을 내 놓았습니다. 제사에는 많은 짐승을 죽였습니다. 『쌍윳따니까야』 '제사의 경'이 그 현실을 생생하게 증언합니다.

한때 세존께서 싸밧티의 제따 숲에 있는 아나타삔디까 승원(사위국 기수급고독원)에 계셨다. 그때 꼬살라국의 빠세나디 왕이 큰 제사를 준비하고 있었다. 5백 마리의 큰 황소와 5백 마리의 수소와 5백 마리의 암소와 5백 마리의 산양과 5백 마리의 양들이 제사를 위해 기둥에 묶여 있었다.
또한 왕의 노예와 심부름꾼과 하인이 있었는데, 그들은 짐승을 도살할 것을 두려워하여, 공포에 떨며 슬픈 얼굴로 울면서 제사 준비를 하고 있었다.

워낙 많은 짐승을 죽이다보니 노예와 심부름꾼이 두려워 눈물을 흘렸습니다. 제사의 규모가 얼마나 컸는지 보여줍니다.
『숫타니파타』제2장 '바라문다운 것'의 품에 보면, 당시 세상의 정신적 지주였던 바라문들은 피비린내 나는 전쟁을 막기보다 오히려 전쟁을 이용하여 자신들의 사익을 도모했습니다. 제사를 이용하여 땅과 재산을 늘렸던 것입니다. 이 와중에 살생과 도둑질, 여자를 빼앗고 거짓과 향락을 일삼는 비리와 타락이 일어났습니다. 싯다르타도 당시 이런 종교의 타락을 직시했다고 할 수 있습니다. 경전 곳곳에 바라문들의 타락을 비판하는 말씀을 볼 수 있기 때문입니다. 전쟁이 빈번하다보니 왕족끼리 서로 반목을 일삼았으며, 폭력과 두려움이 세상을 지배했습니다. 바라문들처럼 잘사는 사람과 일반 백성들 사이의 빈부 차도 극심했다고 역사는 전합니다. 유랑하는 수행자와 가난한 사람, 여행자, 잘 곳 없는 사람, 거지들이 늘 성문 밖에 있었습니다. 부처님이 출가하기 전에 동서남북 네 성문에서 늙고 병들고 죽어가는 사람과 수행자를 만났다는 이야기는 이런 현실을 상징합니다. 싯다르타 왕자는 이런 현실을 어떻게 받아들였을까요?

두려움은 폭력을 휘두르는 사람에게서 나온다. 싸우고 다투는 자들을 보라.
내가 그것을 어떻게 느꼈는지, 내 마음의 동요를 설명해 보겠다.
세상은 어디나 든든한 곳이 없었다. 온 사방이 모두 흔들리고 있었다.
나는 의지할 곳을 구했으나, 어디서나 흔들리지 않은 곳을 보지 못했다.
사람들이 끝까지 서로 반목하는 것을 보고, 나는 절망했다.
_『숫타니파타』 제4 시의 장, '폭력을 휘두름' (요약)

부처님이 경험한 현실은 지금 우리 시대와도 비슷한 점이 없지 않습니다. 종교 단체의 규모는 나날이 커지지만, 가난한 자에 대한 사랑은 상대적으로 아주 적습니다. 다음의 부처님 시는 당시의 상황을 잘 보여주고 있습니다. 대화 상대는 하늘사람이지만, 부처님과 어느 현자와의 대화라고 볼 수 있습니다.

{세존}
가르침을 실천하며,
벼이삭을 모아 아내를 부양하고 살면서

조금밖에 없어도 보시하네.
천 사람이 십만의 보화로 제사를 지내도
이 작은 보시에 비해 십육 분의 일의 가치도 없네.
(십육 분의 일은 아주 작은 양을 가리키는 인도의 관용어임.)

{하늘사람}
굉장히 거대한 그 큰 제사가
왜 올바른 보시로서 가치가 없습니까?
천 사람이 바치는 십만의 제물이
왜 그런 작은 보시에 비해 가치가 없습니까?

{세존}
어떤 사람은 부정하게 살면서 보시하니
상처내고 죽이고 또한 괴롭힌다네.
그 보시는 눈물과 상처로 얼룩진 것이니
올바른 보시로서 가치가 없네.
천 사람이 바치는 십만의 재물조차도
가르침을 실천하며 벼이삭을 모아 아내를 부양하고
조금밖에 없어도 내놓는 보시에 비하면
십육 분의 일의 가치도 없다네.

_ 『쌍윳따니까야』 제1쌍윳따 '인색함의 경'

바라문 종교의 타락은 당시 세상을 지탱하는 전통 도덕의 혼란을 의미합니다. 당시 지성을 가진 사람이라면 이런 현실에 대해 회의하지 않을 수 없었으니, 기존 종교의 타락을 비판하는 새로운 진보적인 사상가들이 나타났습니다. 이들 이단적인 사상가들을 세상에서는 사문沙門이라고 불렀습니다. 그들은 바라문들의 혈통을 거부했으며, 기존 바라문들이 주장하는 제사와 공덕을 거부했습니다. 바라문들은 제사를 지내면 공덕을 쌓아 자손과 집안의 번영을 얻는다고 했으나, 이들 사문들은 인과공덕의 위선과 허구를 폭로했습니다. 이들이 주장하는 이론 중 대표적인 것이 허무론과 인과가 없다는 무인무과론無因無果論입니다. 모든 것은 물질로만 이루어져 있으며, 영혼이라는 것은 없다는 무아론無我論을 주장하기도 했습니다. 허무주의나 무인무과론 또는 무아론 어느 이론이나 모두 기존 바라문 종교의 제사와 공덕 행위의 상호 인과관계를 부정하는 사상입니다. 부처님도 무아를 주장한 분입니다. 따라서 부처님도 새로운 사상가, 즉 사문들의 사상적 흐름 속에 있었습니다.

싯다르타는 왕세자로서 누구보다 이런 세상의 혼란과 고통에 대해 잘 알 수 있는 위치에 있었다고 할 수 있습니다. 29살까지 성 밖에 한 걸음도 나가지 않았다가 동서남북 사대문을 통해 처음으로 생로병사의 고통을 발견하고 출가했다는 것은 신화를 너무 단순하게 글자 그대로 해석하는 것이 아닐까요?

왕궁에 있던 싯다르타에게는 두 가지 길이 있었다고 볼 수 있습니다. 하나는 아버지의 기대에 따라 나라의 부강을 구하며 전륜성왕이 되도록 노력하는 것입니다. 이 길은 전륜성왕이 되지는 못하더라도 최소한 왕세자의 지위를 유지하며 현실에 안주하는 길입니다. 그리고 또 한 가지의 선택이 있다면, 세상의 혼란과 고통에서 참다운 진리를 구하는 길입니다. 이미 바라문 종교는 세상을 바로잡는 권위를 잃었기 때문에, 싯다르타에게 이 길은 성 밖에서 새로운 진리를 찾는 것을 뜻했습니다.

29살의 싯다르타는 이미 아내와 자식이 있음에도 불구하고 이 두 번째 길을 선택했습니다. 이 길은 왕세자로서 신분상의 의무를 포기하는 길입니다. 아울러 나라의 부강이나 종족의 번영을 뒷받침하는 바라문의 가르침을 거부하는 것을 뜻합니다. 또한 이 길은 주위 부모형제나 친척의 여망을 저버리는 길을 뜻하기도 합니다. 그러므로 부처님이 출가할 때 주위 사람들은 모두 슬퍼하고, 좋아하지 않았습니다. 부처님은 당시 상황을 이렇게 말씀합니다.

"나는 그때 나이 젊은 청년으로서 맑고 깨끗하고 새까만 머리에 한창 나이인 29세였다. 그때 한없이 즐겁게 유희하고, 화려하게 장식하고 마음대로 돌아다녔다. 나는 그때 부모님이 울부짖고 여러 친척들이 좋아하지 않았지만, 수염과 머리를 깎고, 가사를 입고, 지극한 믿음으로 출가했다."

_『중아함경』 제56권 '라마경', 동국역경원 역(요약)

세상이 혼란하고 전통적인 도덕이 무기력할 때는, 많은 사람들이 무질서 속에서 고통을 받게 됩니다. 이런 때 세상을 구할 참다운 진리를 얻고자 집을 떠나는 일은 동서고금에 흔히 있는 일입니다.

조선시대 말기 삼정三政의 혼란과 지배층의 타락 속에서 고통을 당한 사람은 백성들이었습니다. 동학을 일으킨 수운 최제우 선생, 원불교를 창시한 소태산 대종사, 정역을 세운 김일부 선생, 증산교를 일으킨 강증산 선생 등은 모두 세상이 혼란할 때 스스로 집을 떠나 도道를 구한 선비들입니다.

특히 수운 최제우 선생은 유학자이면서 서구 열강의 침입과 지배층의 수탈에 아무 대책을 세우지 못하고 있는 당시 유교의 현실을 개탄했습니다. 그래서 그분은 하늘의 진정한 이치를 깨닫고자 하였습니다. 수도를 하던 중 수운 선생은 하늘의 음성을 들었습니다. 수운 선생의 가르침을 이해하자면 먼저 그의 고민을 깊이 이해해야 합니다. 그러자면 서양의 종교인 천주학에 대항하면서도 전통적인 유학의 한계를 넘어 천도를 새롭게 인식하려는 수운 선생의 문제의식을 이해할 필요가 있습니다.

러시아 제국 말기의 혼란 속에서 톨스토이는 집을 떠나 방황하다가 세상을 떠났습니다. 그는 양심의 소리를 들은 사람입니다. 예수님 또한 당시 로마제국의 지배 속에서 바리세파 등 전통 유대교가 제 역할을 하지 못할 때 홀로 광야에서 지내며 하나님의 새로운 약속을 모색했습니다. 예수님은 광야에서 나온 후 가난한 자들에게 복음을 선포했습니다. 가난한 자들이 많다는 것은 이미 한 사회가 공동체로서 조화를 잃은 징표입니다.

우리가 잘 아는 세계 최대의 아이스크림 회사 배스킨 라빈스의 유일한 상속자는 존 라빈스입니다. 존 라빈스는 『음식혁명: 육식과 채식에 관한 1,000가지 이해와 오해』라는 책을 냈습니다. 그는 이 책을 통해 고기를 먹으면서 일어나는 육체적·정신적 문제점과 더불어 현대 육류 산업에서 자행되고 있는 수많은 문제점들을 폭로하고 있습니다. 그는 타고난 부와 명예를 뿌리치고 아이스크림을 포함, 각종 유제품과 축산물에 대한 감춰진 진실을 세상에 알리는 환경운동가로 활동하고 있습니다. 특히 유제품에 관한 한, 그는 아버지의 가업을 비난하는 입장이 되었습니다. 그는 자신의 신념을 지키기 위해서, 자신이 받을 수 있는 막대한 유산을 포기했다고 합니다. 존 라빈스가 유산을 포기한 것은 집을 떠난 것과 같은 의미가 있다고 하겠습니다.

싯다르타가 성을 넘자마자 맨 먼저 한 일은 무엇이었을까요? 이것을 파악하면 싯다르타 왕자가 평소 무엇을 생각하고 원했는지 알 수 있습니다. 부처님은 시종인 찬다카에게 옷을 벗어주고 자신은 사문과 같은 허름한 거지의 옷차림을 합니다. 그리고 당시 사문들처럼 머리를 빡빡 깎았습니다.

비구라는 말은 당시로서는 거지라는 보통명사입니다. 이때는 오늘날처럼 스님을 가리키는 고유명사가 되기 전의 일입니다. 그때는 아직 불교가 생기기 전이었습니다. 싯다르타 왕자가 거지(비구) 차림을 하고 머리카락을 자른 것은 이미 당시 새로운 사상가(사문)들의 전형적인 모습이었습니다. 부처님은 왕세자로 있으면서 세상의 흐름과 당시 새로운 사상가들에 대해 알고 있었으며, 이들과 같은 길을 걷고자 했던 것입니다.

진실로 놀라운 것은, 29세의 싯다르타는 자기가 배운 학문을 이용하여 자기 나라를 부강하게 만드는 길을 포기하고, 폭력과 미움·증오·탐욕·쾌락·소유 등 세상과 인간의 고통을 자신의 문제로 받아들였다는 사실입니다. 그리하여 탐욕, 성냄, 어리석음 등 세 가지 고통에서 인간이 자유로울 수 있는 길을 모색했던 것입니다. 이 길을 찾기 위해 싯다르타는 스스로 가장 천대받고 살기 힘든 탁발 수행자의 길을 선택한 것입니다.

인도의 계급제도 카스트에서 왕자는 종교사제인 브라만 계급 다음으로 높은 크샤트리아입니다. 그리고 가장 낮은 계급은 노예계급인 수드라입니다. 그 밑에 최하층 카스트로 불가촉천민이 있습니다. 불가촉천민은 '비천하게 태어난 사람' 또는 '신의 자비를 받을 수 없는 사람'으로 언급되고 있었습니다. 당시 고행자들은 어느 사회 계층에도 속하지 않았으므로 천민에 속했습니다. 그 중 몇몇은 사회적 존경을 받았지만, 대다수는 경멸과 천대를 받았습니다. 부처님도 출가 후 고행자로 지냈습니다. 사람들은 부처님을 '빡빡 깎은 머리(bare head)'라고 불렀습니다. 청년 싯다르타는 진리를 얻기 위해 왕자의 지위를 버리고 가장 낮은 천민의 지위를 선택했던 것입니다.

폭력과 미움·증오·탐욕·쾌락이 가득한 세상에서 자유와 해탈의 길을 찾는 것은 불교의 고유한 문제의식입니다. 대승불교 역시 교조 석가모니 부처님의 문제의식을 그대로 이어받고 있습니다. 대표적 대승경전인 『유마경』에서는 이 세상을 분노와 폭력이 가득한 세상이라고 말합니다.

이때 부처님께서 사리불에게 이르셨다. "묘희妙喜라는 이름의 나라가 있으니, 그곳의 부처님의 이름은 무동無動이다. 이 유마힐은 그 나라에서 죽어 이곳에 태어난 것이다."
사리불이 말했다. "일찍이 없었던 일입니다. 세존이시여, 이 사람은 능히 청정한 땅을 버리고 기꺼이 이 성내고 해침이 많은 곳[此多怒害處]에 태어났습니다."

_『유마힐소설경』 제12 견아촉불품

뒤에서는 싯다르타가 출가한 후 겪는 수행역정에 대해 알아보겠습니다. 사실 부처님이 얻은 깨달음을 제대로 알기 위해서는 깨달음을 얻기까지 어떤 생각과 갈등을 거쳤는지 이해하는 것이 중요합니다. 한 사람의 사상과 행동을 이해할 때도 먼저 그 사람이 살아온

과정을 알아보아야 하는 것과 같습니다. 다음에는 싯다르타가 출가한 뒤 누구를 만나 무엇을 했는지 경전을 통해 살펴보겠습니다.

3. 부처님의 수행역정

불교에 입문하게 되면 수많은 경전을 접하게 되고, 게다가 종파마다 수행방법이 각각 다른 것을 보게 됩니다. 부처님의 깨달음은 결국에는 다 같다고 말은 하지만, 아무래도 개인이나 종파에 따라 서로 다른 것이 현실입니다. 부처님이 법을 펴신 지 2,500여 년이라는 긴 세월이 흐름에 따라 다양한 종파가 생겨났기 때문입니다. 부처님이 입멸한지 1,000여 년이 지난 A.D. 629년에 현장법사가 인도를 방문했을 때에도 불교가 18개의 불교종파로 나뉘어 서로 자신의 주장을 펴는 것을 보았습니다. 현장법사에 따르면, 크게 대승과 소승 두 파로 나뉘어, 앉아서 숙고하는 자가 있는 한편 행동으로 수행하는 자들이 있었으며, 마음을 침착하게 하거나 지혜를 쓰는 등에서 큰 차이가 있었다고 『대당서역기』에 전하고 있습니다. 우리나라에도 육조 혜능대사를 계승하는 조계종 외에 천태종, 진각종, 화엄종 등 다양한 종파가 있습니다.

주관적인 해석이나 종파적인 규정을 넘어서 부처님의 깨달음을 처음 모습 그대로 파악할 수 있는 방법은 없을까요? 앞에서 이미 말씀드렸듯이, 우선 역사에 존재했던 부처님을 만나는 것이 한 방법이라고 생각합니다. 즉 부처님이 깨달음을 얻기 위해 어디서 누구를 만나 무엇을 했는지 그 관심과 경험을 살펴보는 것입니다. 역사 속에서 부처님을 만나는 것은 교단이 상좌부와 대승불교로 갈라지기 전의 초기 불교의 형태를 보는 것입니다. 그래서 여기에서는 초기 경전으로 알려진 『잡아함경』, 『숫타니파타』, 『쌍윳따니까야』 등의 경전을 참고했습니다. 학자들의 연구에 의하면, 이 경전들이 그래도 비교적 초기 불교의 모습을 보여준다고 합니다.

초기 경전이라고 문제가 없는 것은 아닙니다. 『잡아함경』에는 부처님이 입멸한 지 수 백년이 지난 아쇼카왕에 관한 기록이 나옵니다. 해서 저는 경전에 나오는 이야기 중 비교적 부처님이 살던 시대를 반영하고 있다고 판단되는 사건을 선별해서 그 사건 속에서 부처님의 가르침을 보고자 합니다. 이렇게 구체적인 사건 속에서 나타나는 부처님의 언행을 공부하게 되면 단순히 교리만 가지고 해석할 때 일어날 수 있는 주관적인 해석을 어느 정도 피할 수 있다고 생각합니다.

우리 주위에는 부처님의 깨달음에 대해 이런저런 논란이 많습니다. 그리고 실제로 깨달았다고 주장하는 사람들도 있습니다. 그분들은 자신의 깨달음이 곧 부처님의 깨달음과 같다고 말합니다. 그러나 그분들이 과연 부처님과 같은 깨달음을 얻었는지 알기 위해서는 그분들이 부처님과 같은 삶의 고민을 가지고 있는지 살펴야 한다고 생각합니다. 그러나 깨달음을 얻었다는 분들 중에서 삶에 대한 진지한 고민이나 문제의식이 없는 경우가 많습니다.

부처님이 위대한 것은 그분의 가르침이 인간의 보편적인 고통에서 출발한다는 데 있다고 생각합니다. 위대하다고 해서 깨달음의 내용이 어렵다고 말할 수는 없습니다. 초기 경전을 보면, 부처님의 깨달음은 누구라도 쉽게 다가갈 수 있는 것이었습니다. 아무리 공부를 많이 했다고 하더라도 삶에 대해 진지한 고민이 없다면 부처님과 같은 깨달음에 이르기 어렵다고 저는 생각합니다. 진지하지 않은 사람의 깨달음은 현실과 멀고 주관적인 논리를 강요하는 것이 특징입니다. 진리가 어려운 것이 아니라, 주관적인 논리가 어려운 것입니다. 부처님의 깨달음은 '누구나 와서 보라고 할 수 있는 것이며, 시간을 초월하며, 현명한 자는 스스로 깨칠 수 있는 진리'라고 당시 사람들은 말했습니다.

이제부터 부처님의 수행역정에 대해 살펴보도록 하겠습니다. 이를 통해 우리는 부처님이 추구한 깨달음의 성격을 더 분명하게 파악할 수 있습니다.

{선정의 스승들과 함께}

『맛지마니까야』 제3품의 '고귀한 구함의 경'과 『중아함경』 제56권 '라마경'에는 부처님 스스로 자신이 깨닫기 전 누구를 만나 무엇을 했는지 제자들에게 말씀한 내용이 나옵니다.

나는 본래 위없는 정각을 깨닫기 전에 이렇게 생각했었다. '어떤 것이 늙고 병들고 죽는 법이고, 근심하는 법이며, 더러운 법인가? 자식과 형제들이 바로 늙고 병들고 죽는 법이고, 근심하는 법이며, 더러운 법이다. 코끼리·말·소·염소·노비·재물·보배·곡식들이 늙고 병들고 죽는 법이요, 근심하는 법이며, 더러운 법이다. 그런데 중생들은 그것에 빠져 더럽혀지고 집착하며 오만스럽게 받아들여 그 재난을 보지 못하고 벗어나는 길을 보지 못한 채 취해 쓰러지고 있다. 나는 지금 차라리 병이 없는 위없이 안온한 열반을 구하고, 늙음도 없고 죽음도 없으며 근심 걱정함도 없고 더러움도 없는 위없이 안온한 열반을 구하자.'
나는 그때 나이 젊은 청년으로서 맑고 깨끗하고 새까만 머리에 한창 나이인 29세였다. 그때 한없이 즐겁게 유희하고, 화려하게 장식하고 마음대로 돌아다녔다. 나는 그때 부모님이 울부짖고 여러 친척들이 좋아하지 않았지만 수염과 머리를 깎고, 가사를 입고, 지극한 믿음으로 출가하여 집 없이 도를 배우면서 몸을 청정하게 보호하였고, 입과 뜻을 청정하게 보호하였다. 그래서 나는 이 계율을 몸으로 삼은 뒤에, 병이 없는 위없이 안온한 열반을 구하고, 늙음도 없고 죽음도 없으며 근심 걱정도 없고 더러움도 없는 위없이 안온한 열반을 구하고자 하여, 다시 알라라 깔라마를 찾아가서 그에게 물었다.

_『중아함경』'라마경', 동국역경원(요약)

싯다르타는 주위 사람들이 자식과 형제들과 재물에 집착하는 것을 보았습니다. 특히 전쟁과 가난이 심할 때에는 더욱 여기에 집착합니다. 그러나 자식과 형제들은 늙고 병들고 죽는 존재이며, 코끼리·말·소·염소·노비·재물·보배·곡식 등 재산도 늙고 병들고 죽습니다. 소유에 대한 집착은 미움과 분노와 폭력 등 근심과 걱정을 가져오지만, 사람들은 이 모든 근심과 걱정을 피할 수 없는 운명으로 받아들입니다. 그러나 싯다르타는 근심과 걱정에서 벗어나는 평화의 길을 물었습니다. 평화의 길은, 위 경전에서 나오듯, '늙음도 없고 죽음도 없으며, 근심 걱정도 없고 더러움도 없는 열반'을 의미합니다. 이런 표현은 사실 우리에게는 조금 낯선 표현입니다.

인도의 고대 베다의 종교문서인 『찬도기야 우파니샤드』에는 늙음, 죽음, 배고픔, 슬픔, 선과 악이 다다르지 못하는 곳이 곧 아뜨만이라고 말합니다. 아뜨만은 곧 열반이며, 반대로 고통은 아뜨만을 깨닫지 못한 미혹한 현실에서 일어납니다. 따라서 '생로병사에서 벗어나는 길'은 곧 고통스러운 현실에서 벗어남(해탈)을 뜻한다고 볼 수 있습니다. 카스트 제도와 같이 닫힌 사회에서 사는 사람들은 자신이 자신의 삶을 스스로 선택할 수 없습니다. 그러므로 늙음, 죽음, 배고픔, 슬픔 등 자신의 존재의 고통이나 한계에서 벗어날 수 있는 길이 현실에는 불가능에 가깝다고 할 수 있습니다. 고대 인도인들은 사람이 죽으면 해나 달로 간다고 생각했습니다. 베다, 즉 우주의 근본인 브라흐만과 아뜨만을 아는 사람은 태양이나 달에 태어나지만, 그렇지 못한 사람은 다시 이 세상에 태어난다고 생각했습니다. 다음은 『우파니샤드』에 나오는 내용입니다.

> 진실의 이 지혜(브리흐만이나 아뜨만)를 가진 자는 죽은 후 다시 이 세상에 오지 않게 된다. 그러나 그렇지 않은 자는 다시 반복하게 된다.
> _『찬도기야 우파니샤드』, 이재숙 역

이 세상을 떠난 자들은 모두 달로 가게 된다오. 한 달 중 밝은 보름달 동안은 달이 그 달에 머무는 자들의 숨에 의지하여 점점

자라고, 어두운 보름달 동안은 달에 머무르는 그들을 다시 세상에
보내는 것입니다. 달은 천상에 이어지는 문이라 할 수 있습니다.
사람이 달의 시험에 훌륭히 답하면 달은 그를 자유롭게 풀어주지
요. 그러나 대답하지 못하면 달은 그를 다시 이 세상으로 비를
보낼 때 같이 내려 보냅니다. 그러면 그는 그의 업과 지혜에 따라
다시 세상에서 벌레 · 날벌레 · 곤충 · 물고기 · 새 · 사자 · 곰 ·
뱀 · 호랑이 · 사자, 혹은 다른 무엇으로 태어나게 됩니다.
_『까우쉬따끼 우파니샤드』 1장

위 베다경전에서 보듯이 생로병사를 넘어서는 길을 찾는 것은
부처님뿐만 아니라 당시 바라문이나 고행자나 모두 같았던 것입니
다. 바라문 학생 깝빠가 부처님을 만나 물은 것도 늙음과 죽음을
넘어서는 길이었습니다.

늙음과 죽음에 짓눌려 있는 사람들을 위해 피할 수 있는 섬을
말씀해 주십시오.
_『숫타니파타』 제5장 피안이 이르는 길, 바라문 깝빠의 질문

이렇게 보면, 생로병사를 넘는 길을 묻는 것은 당시 인도 종교계의
매우 보편적인 질문이라고 볼 수 있습니다. 따라서 위 '라마경'에
나오는 구절 "늙음도 없고 죽음도 없으며 근심 걱정도 없고 더러움도

없는 곳"에 이르고자 하는 것은 당시 세상의 혼란과 고통에서 벗어나려는 구도자들의 일반적인 표현으로 볼 수 있습니다. 즉 이 말은, 세상의 고통과 혼란에서 벗어나는 길이나 진리를 찾는다는 말로 이해해야 합니다. 부처님이 생·로·병·사라는 현상 자체에 의문을 가져 출가했다고 해석하는 것은 지나치게 문자적인 해석이라고 하지 않을 수 없습니다.

싯다르타는 왕자로서 평화의 길을 왕궁이나 성안의 기존 학자들에게 물어볼 수도 있었을 것입니다. 그러나 왕궁의 학자들에게서는 명쾌한 답을 얻을 수 없었기 때문에 출가한 것이 아닐까요?

허름한 옷으로 갈아입고 머리를 빡빡 깎아 걸식하는 수행자(사문)의 모습을 한 싯다르타 왕자는 먼저 선정으로 이름이 난 알라라 깔라마를 찾았습니다. 싯다르타는 알라라 깔라마에게 배웁니다.

"알라라 깔라마여, 저는 당신에게서 범행을 법답게 행하고 싶습니다. 그래도 되겠습니까?"

알라라가 대답하였다.

"현자여, 그대가 행하고 싶거든 곧 행하라."

"알라라여, 당신은 어떻게 이 법을 스스로 알고, 스스로 깨닫고, 스스로 증득하였습니까?"

알라라가 나에게 대답하였다.

"현자여, 나는 일체의 식처識處를 지나 무소유처無所有處를 얻어 성취하여 노닌다. 그런 까닭에 나는 이 법을 스스로 알고, 스스로 깨닫고, 스스로 증득하게 되었다."
나는 다시 생각하였다.
'알라라에게만 이런 믿음이 있는 것이 아니라, 내게도 또한 이 믿음이 있다. 알라라에게만 이 정진이 있는 것이 아니라 내게도 또한 이 정진이 있다. 알라라에게만 이 지혜가 있는 것이 아니라 내게도 또한 이 지혜가 있다. 그런데 알라라는 이 법을 스스로 알고, 스스로 깨닫고, 스스로 증득하였다.'
나는 이 법을 증득하기 위하여 곧 멀리 떠나, 비고 고요한 곳에서 혼자 머물며 마음에 방일함이 없이 수행하고 정근하였다. 그리고 오래지 않아 그 법을 증득하게 되었다. 그 법을 증득한 뒤에 나는 다시 알라라 깔라마에게로 가서 물었다.
"알라라여, 당신은 이 법을 스스로 알고, 스스로 깨닫고, 스스로 증득하였습니까? 이른바 일체의 한량없는 식처를 지나 무소유처를 얻어 성취하여 노닙니까?"
알라라 깔라마는 내게 대답하였다.
"현자여, 나는 이 법을 스스로 알고, 스스로 깨닫고, 스스로 증득하였다. 이른바 일체의 한량없는 식처를 지나 무소유처를 얻어 성취하여 노닌다."
알라라 깔라마는 다시 내게 말했다.
"현자여, 내가 이 법을 증득한 것과 같이 그대도 또한 그러하며,

그대가 이 법을 증득한 것과 같이 나도 또한 그러하다. 현자여, 그대는 여기 와서 나와 함께 이 대중을 통솔하자."
이렇게 알라라 깔라마는 스승의 위치에 있으면서도 나를 동등하게 대접하고 최상으로 공경하였으며, 최상으로 공양하고 최상의 기쁨을 표하였다. 그러나 나는 다시 생각하였다.
'이 법은 지혜로 나아가지 않고 깨달음으로 나아가지 않으며, 열반으로 나아가는 것이 아니다. 나는 이제 차라리 이 법을 버리고 다시 병이 없는 위 없이 안온한 열반을 구하고, 늙음도 없고 죽음도 없으며 근심 걱정도 없고 더러움도 없는 위없이 안온한 열반을 구하자.'

_『중아함경』'라마경', 동국역경원

알라라 깔라마는 무소유처를 얻어서 거기에 머무르면 해탈한다고 가르쳤습니다. 무소유처는 의식이 일체 사라진 경지입니다. 알라라 깔라마 밑에서 수행을 한 결과, 부처님은 스승과 같은 경지에 이르렀습니다. 그러자 알라라 깔라마는 싯다르타에게 대중을 함께 이끌자고 제의합니다. 그러나 싯다르타는 이 제의를 거절하고 스승을 떠났습니다. 직접 그 선정의 경지를 경험하고 그 경지에 머물렀지만, 착하고 건전한 삶과 위없는 평화를 얻지 못했기 때문입니다. 싯다르타는 무소유처의 경지를 얻었다고 스스로 자신하는 알라라 깔라마가 실제 생활에서 근심 걱정이나 욕망에서 벗어나지 못한 것을 보았습니다. 더구나 스승은 무소유처의 한계를 넘어서려고 하기보다 대중을 통솔하는 데에 더 관심을 가지고 있었습니다.

부처님은 아무리 스승의 가르침이라고 하더라도 스스로 실천해 보고 과연 스승의 말대로 미움과 분노에서 해탈했는지 그 실제 경험을 기준으로 스승의 옳고 그름을 판단했습니다. 이 엄격한 지행일치의 탐구정신은 부처님의 일생을 관통하고 있습니다.

싯다르타는 알라라 까라마를 떠나 이번에는 비상비비상처(또는 비유상비무상처라고도 함. 생각이 있는 것도 아니고 생각이 없는 것도 아닌 경지)를 얻은 웃다까 라마뿟따를 찾아 갑니다. 비상비비상처의 선정은 알라라 깔라마의 무소유처보다 한 단계 높은 선정으로 알려져 있습니다. 알라라 깔라마보다 더욱 높은 스승을 찾아 갔던 것입니다. '라마경'을 계속 읽어 봅니다.

그래서 나는 곧 이 법을 버리고 다시 병이 없는 위없이 안온한 열반을 구하고, 늙음도 없고 죽음도 없으며 근심 걱정도 없고 더러움도 없는 위없이 안온한 열반을 구하여, 웃다까 라마뿟따가 있는 곳으로 가서 그에게 물었다.
"웃다까여, 저는 당신의 법 안에서 배우고 싶습니다. 그래도 되겠습니까?"
웃다까 라마뿟따가가 내게 대답하였다.

"현자여, 그대가 배우고 싶으면 배우라."

싯다르타는 웃다까 라마풋따에게서 비상비비상처를 배워 스승과 같은 경지에 도달했습니다. 그러나 싯다르타는 이 경지에서도 근심과 걱정이 지워지지 않았고, 스승 또한 근심 걱정에서 벗어나지 못한 것을 보았습니다.

웃다까 라마뿟따는 스승의 위치에 있으면서도 나를 스승처럼 대접하고 최상으로 공경하였으며, 최상으로 공양하고 최상의 기쁨을 표하였다. 나는 또 이렇게 생각하였다.
'이 법은 지혜로 나아가지 않고, 깨달음으로 나아가지 않으며, 열반으로 나아가는 것이 아니다. 나는 이제 차라리 이 법을 버리고 다시 병이 없는 위없이 안온한 열반을 구하고, 늙음도 없고 죽음도 없으며 근심 걱정도 없고 더러움도 없는 위없이 안온한 열반을 구하리라.'

싯다르타가 두 번째 스승인 웃다까 라마뿟따를 떠난 것은 앞서 알라라 깔라마를 떠났던 것과 같은 이유입니다. 함께 지내며 스승의 삶을 보았던 것입니다.
다음 경전은 부처님이 알라라 깔라마와 웃다까 라마뿟따를 어떻게 평가했는지 우리에게 보여줍니다. 수심이라는 바라문의 딸은 부처님의 말씀을 이렇게 기억했습니다.

"웃다까 라마뿟따와 알라라 깔라마는 이 심오한 법에서 끝내 교화를 받지 못하고 각각 목숨을 마치고 말았습니다.
세존께서는 그 두 사람의 미래에 대해 말씀하시기를, '한 사람은 불용처(不用處: 무소유처)에 태어날 것이요, 또 한 사람은 유상무상처有想無想處에 태어날 것이다. 또 이 두 사람은 거기서 목숨을 마치면, 한 사람은 장차 변두리 나라의 국왕이 되어 이루 헤아릴 수 없이 많은 사람을 죽일 것이요, 다른 한 사람은 장차 날개 달린 사나운 살쾡이가 될 터인데 다른 날짐승과 들짐승들이 그에게서 벗어날 수 없을 것이다. 그리고 또 목숨을 마치면 지옥에 떨어지게 될 것이다'라고 하셨습니다."

_『증일아함경』 제10권 권청품(요약)

부처님은 놀랍게도 알라라 깔라마는 자기 수행의 업에 따라 무소유처에 태어난 다음에는 변두리 국왕이 되어 헤아릴 수 없이 많은 사람을 죽일 것이라고 말씀합니다. 무소유처에 태어난 다음 다시 사나운 국왕으로 태어나는 것은, 아무것도 없는 의식의 경지를 닦았더라도 마음 깊은 곳에 탐욕과 분노가 남아 있기 때문입니다. 그리고 웃다까 라마뿟따는 선정의 수행을 닦은 업보에 따라 유상무상처에 태어나지만, 그 다음에는 역시 사나운 살쾡이가 되어 들짐승과 날짐승을 해칠 것이라고 평가했습니다. 부처님은 이 두 스승이 그 업이 다하면 모두 지옥에 떨어질 것이라고 말합니다. 부처님의 이 말을 스승을 저주하는 말로 해석해서는 안 됩니다. 자신이 지은 업대로 다시 태어난다고 믿는 당시의 윤회사상에 따라 그 스승들의 수행의 한계를 지적하는 말로 보아야 합니다. 특히 부처님은 당시 최고의 스승으로 알려진 웃다까 라마뿟따가 진리를 잘못 이해했다고 말했습니다. 부처님에 따르면, 그는 갈애를 끊지 못했으면서 스스로 종기의 뿌리를 끊었다고 사람들에게 말했던 것입니다.

알라라 까라마와 웃다까 라마뿟따에 대한 부처님의 평가는 부처님 스스로 이 두 선정의 대가들과 함께 지낸 경험에서 나왔다는 점에서 매우 중요합니다. 『맛지마니까야』 19 '두 갈래 사유의 경'에는 부처님이 깨닫기 전 이미 세 가지 사유를 가지고 사색을 했다고 하는데, 그 세 가지는 감각적 쾌락에 대한 욕망의 사유 · 분노의 사유 · 폭력의 사유입니다. 이 세 가지 사유는 부처님이 두 스승을 평가한 기준이지만, 부처님이 출가 전에 관심을 가지고 고민했던 주제이기도 합니다.

선정의 대가들에게서 떠난 싯다르타는 지금까지의 수행과는 전혀 다른 새로운 차원의 수행을 모색합니다. 그것은 곧 고행이었습니다. 고행은 선정과 함께 당시 인도에서 유행하는 새로운 수행 방법이었습니다.

{고행과 마지막 선택}

당대 최고의 스승들을 떠난 싯다르타는 드디어 홀로 수행할 것을 결심합니다. 부처님의 태도를 보면 참으로 놀랍다고 하지 않을 수 없습니다. 당시 스승들은 뛰어난 명성을 누리고 있었지만, 부처님은 그 어떤 권위에도 복종하지 않았던 것입니다.

프로이드는 우리에게 심리학자로 잘 알려져 있습니다. 그는 우리의 잠재의식을 움직이는 것은 성의식이라고 보았습니다. 그의 제자 융은 성의식보다 집단의식이 잠재의식을 지배한다고 주장했습니다. 그러나 프로이드는 자신의 학설을 정면으로 반박하는 제자의 이론을 받아들이지 않았습니다. 정신과 의사이면서 많은 사람들의 마음을 치료한 프로이드는 제자 융에게 자신의 학문을 받아들이면 후계자로 삼겠다고 회유와 협박을 했습니다. 융은 결국 프로이드를 떠나야 했습니다. 그로서는 이런 결단이 쉽지 않았을 것입니다. 자기가 누릴 수 있는 기득권을 포기해야 했기 때문입니다. 부처님도 자신이 누릴 수 있는 기득권을 포기하고 떠났습니다.

선정의 공허함을 경험한 싯다르타는 이어 고행을 선택했습니다.

고행은 부처님이 새로 만든 수행방법이 아닙니다. 당시 탁발 수행자들이 이미 실천하고 있던 수행이었습니다. 고행은 단순히 자기를 괴롭히는 수행이라고만 볼 수 없습니다. 바라문 사제들이 화려한 대저택에서 재물과 여자들을 소유한 현실에서, 몸을 괴롭히는 수행은 타락한 종교현실에 대한 거부이자 걸식을 하며 살았던 옛 바라문 전통에 대한 복귀로 볼 수 있습니다. 그러므로 고행을 그 당시 현실에 비추어 보면, 오히려 양식 있는 지성이 선택한 자기 정화의 길이라고 할 수 있습니다.

싯다르타는 고행자들을 따라서 음식을 줄여서 먹는 절식, 음식을 아주 끊은 단식, 숨을 오래 참기, 대낮에 뜨거운 모래에서 지내거나 공동묘지에서 추운 밤을 지내기 등을 실천했습니다. 지나가는 사람들이 싯다르타를 시체로 여길 정도로 참혹한 수행을 했습니다. 그 중 일부를 부처님의 회상을 통해 들어보겠습니다.

"나는 하루에 한 번 식사를 했고, 이틀에 한 번 식사를 했고, 사흘에 한 번 식사를 했고, 칠 일에 한 번, 나아가 보름에 한 번 식사를 했다. 나는 숲 속의 나무뿌리나 열매로 연명을 하였다.
나는 한 겨울 차가운 밤 서리가 내릴 때면 노천에서 밤을 지새우고, 숲에서 낮을 보냈다. 뜨거운 여름의 마지막 밤에는 노천에서 낮을 보내고 숲에서 밤을 보냈다.
나는 죽은 자의 뼈를 베개삼아 무덤가에서 잤다. 소치는 아이들이

다가와 내게 침을 뱉고 오줌을 싸고 나의 귀에 막대기를 넣었다. 나는 하루 한 개의 열매를 먹었다. 그러자 나의 머리 가죽은 주름져 시들고, 나의 창자는 등에 붙어버려 창자를 만지면 등뼈와 만났고, 등뼈를 만지면 창자와 만났다. 그렇게 적은 음식 때문에 나는 똥이나 오줌을 누려 하면 머리가 앞으로 꼬꾸라졌다.
그러나 나는 이러한 고행의 실천으로도 인간을 뛰어넘는 법, 고귀한 이들이 갖추어야 할 탁월한 앎과 봄을 성취하지 못했다."

_『맛지마니까야』 12 '사자후에 대한 큰 경', 전재성 역(요약)

이윽고 고행을 몸소 실천해 본 싯다르타는 고행마저 버립니다. 싯다르타의 경험에 의하면, 고행을 하는 수행자들은 절식이나 단식을 하면서도 특정한 날에는 배불리 먹었습니다. 그리고 고행을 하면서도 남녀 수행자들 사이에 음란한 행태가 있었습니다. 단식과 고행을 주장하면서도 스스로 정반대의 행동을 하는 것은 자기기만입니다. 벗은 몸으로 유행하는 자, 진흙을 바르는 자, 항상 위로 서 있는 자, 절식하는 자, 진언을 외우는 자, 상투를 트는 자들 또한 해탈과는 거리가 먼 삶을 살고 있었습니다. 이들은 모여서 한가한 때는 세상 이야기, 즉 전쟁 이야기, 코끼리 이야기, 전차 이야기, 영웅 이야기, 향수와 크림에 대한 이야기, 호화로운 침대 이야기, 마을과 도시 이야기, 여자에 관한 이야기 등으로 떠들고 지냈다고 합니다. 부처님은 이들이 탐욕·악의·분노·원한·저주·질투·인색·거짓에서 벗어나지 못했음을 보았습니다.

싯다르타가 고행을 포기하자 고행자들 사이에서 싯다르타가 타락했다는 비난이 쏟아졌습니다. 싯다르타가 당시 고행자들의 세계에서 한낱 이름 없는 수행자였으면 이런 소문이 돌아다닐 수는 없었겠지요. 이때는 이미 알라라 깔라마나 웃타까 라마뿟따가 부처님의 수행과 경지를 인정해 주었으며, 오히려 싯다르타에게 자기들의 교단을 함께 이끌자고 권하던 때였습니다. 이렇게 볼 때 고행이야말로 인간을 청정하게 해준다고 믿고 있던 당시의 사회적 분위기 속에서 수행자 고따마 싯다르타가 다른 수행자들로부터 어떤 취급을 받았는지 상상할 수 있습니다.

모든 희망이 사라진 수행자 싯다르타는 어떤 선택을 했을까요?

수행의 권위와 위선에 절망한 수행자의 이야기는 소설이나 영화에서 많이 볼 수 있습니다. 한 수행자가 훌륭하다고 알려진 스승을 찾아갔습니다. 그 스승은 신화적인 수행을 해서 깨달음을 얻은 사람으로 세상에 널리 알려져 있습니다. 스승을 모시고 함께 수행하던 어느 날 그 수행자는 그 스승이 평범한 사람보다 못한 성정을 그대로 지니고 있는 것을 보게 되었습니다. 스승은 설법한 뜻과는 달리 실제로는 질투·시기·오만이 보통 사람보다 더 심했으며, 보통 사람보다 더 자기 몸을 아끼는 사람이었습니다. 그런데 그 스승이 바로 이 수행자를 후계자로 내세웠습니다. 그럴 때 그가 스승의 제의를 받아들인다면, 스스로 자신의 양심을 기만해야 합니다. 아니면 스승의 부족한 점을 사람들을 깨우치게 하기 위한 방편이었다고 미화하거나 합리화해야 합니다. 만약 스승의 제의를 거절한다면, 그 수행자는 스승을 떠나야 합니다. 그도 아니면 그 수행자는 영화나 소설에 나오듯 술이나 여색에 빠져 세상을 조롱하며 살아갈 수도 있겠지요. 헤르만 헤세는 그가 지은 소설 『싯다르타』에서 창녀의 집에 머무는 수행자를 그리고 있습니다.

고따마 싯다르타는 다시 왕궁으로 돌아가지 않았습니다. 그렇다고 세상을 조롱하는 허무적이고 냉소적인 수행자의 길을 걷지도 않았습니다. 놀랍게도 싯다르타는 편안하게 사색하기에 좋은 아름다운 강 언덕을 선택했습니다. 그곳은 특히 마을이 가까워 밥을 빌어먹기도 좋은 곳이었습니다.

"그래서 나는 무엇보다 착하고 건전한 것을 구하고 위없는 최상의 평화를 구하기 위해 마가다국을 차례로 유행하면서, 마침내 우르벨라 근처의 쎄나니가마에 도착했다. 거기서 나는 고요한 숲이 있고, 아름다운 둑에 싸여 맑게 흐르는 강물이 있고, 주변에 밥을 얻을 수 있는 마을이 있는, 마음에 드는 지역을 발견했다. 그리고 나에게 이와 같은 생각이 떠올랐다.
'고요한 숲이 있고, 아름다운 둑에 싸여 맑게 흐르는 강물이 있고, 주변에 밥을 얻을 수 있는 마을이 있는, 이 지역이 마음에 든다. 이곳은 정진하고자 하는 훌륭한 가문의 자제가 정진에 집중할

수 있는 적당한 장소이다.'
나는 '이곳은 정진하기에 충분하다.'고 생각하며 거기에 앉았다."

_『맛지마니까야』 '고귀한 구함의 경', 전재성 역

부처님의 기억을 살펴보면 그분의 관심을 발견할 수 있습니다. 위 경전에 나오듯, 고요한 숲이 있고 아름다운 둑에 싸여 맑게 흐르는 강물이 있는 곳은 더위나 추위에 그대로 자신을 노출하고 지내는 고행의 장소가 아닙니다. 그리고 싯다르타는 밥을 얻어먹을 수 있는 마을에 정착했습니다. 이것은 단식이나 절식 등의 고행을 더 이상 지키지 않겠다는 것을 의미합니다. 이 장소에 머물면서 고행의 경험을 비추어 본 싯다르타는 고행이 신체에 고통을 가져오는 것 외에 다른 유익함이 없는 것을 다시 확인했습니다. 스스로의 경험을 통해 고행에 흔들리지 않는 인식을 갖게 된 것입니다.

싯다르타는 왜 이런 선택을 하게 되었을까요? 부처님은 그 이유를 다음과 같이 밝힙니다.

"나는 고행의 실천으로도 인간을 뛰어넘는 법, 탁월한 앎과 봄[知見]을 성취하지 못했다. 깨달음에 이르는 다른 길이 있지 않을까? 그러한 나에게 이와 같은 생각이 떠올랐다.
'나의 아버지 샤끼야족의 왕이 농경제 행사를 하는 중에, 나는 장미사과나무의 서늘한 그늘에 앉았다. 그때 나는 감각적 쾌락의 욕망을 버리고 악하고 불건전한 상태를 떠났다. 그리고 사유와 숙고를 갖추고, 멀리 떠남에서 생겨난 희열과 행복을 갖춘 첫 번째 선정을 성취했다. 바로 이것이 깨달음에 이르는 길이 아닐까?'
나에게 이 길은 깨달음에 이르는 길이라는 자각이 일어났다. 그리고 이와 같은 생각이 떠올랐다.
'나는 감각적 쾌락에 대한 욕망이나 악하고 불건전한 상태와는 관계가 없는 즐거움에 대하여 두려워할 필요가 있을까?'
그래서 나는 생각했다.
'나는 감각적 쾌락에 대한 욕망이나 악하고 불건전한 상태와는 관계가 없는 즐거움에 대하여 두려워할 필요가 없다."

_『맛지마니까야』 36 '삿짜까에 대한 큰 경'(요약)

농경제 행사는 농사를 시작하며 한 해의 풍년을 기원하는 축제입니다. 이 행사에는 왕과 백성이 함께 어울려 술을 마시고 음악과 춤을 즐기며 놉니다. 젊은 싯다르타 왕자는 사람들이 분주하게 노는 시끄러운 축제에서 떠나 홀로 서늘한 장미사과나무 밑에 앉아서 고요함을 경험했습니다. 장미사과나무는 염부수라고도 하는데, 아프리카·인도·말레이시아 등 열대지방에서 자라는 작은 열매를 맺는 나무입니다. 사과와는 다르지만 열매를 맺기 때문에 장미사과나무라는 이름을 가지고 있습니다.
부처님은 이때 기쁨과 행복을 느꼈던 것을 기억하고, 이런 기쁨이 오히려 사색에 도움이 되는 것을 깨달았습니다. 이렇게 생각을 가다듬어 한적한 곳에서 기쁨을 얻은 상태를 첫 번째 선정이라고 합니다. 싯다르타가 고행을 포기하고 기쁨과 평정이 있는 새로운 수행방법을 찾은 순간입니다.

사실 싯다르타가 나무 밑 그늘에서 경험한 이 선정은 누구나 경험할 수 있는 일입니다. 번거로운 일을 떠나 잠시 오솔길을 산책할 때나, 고요한 절이나 산에서 지낼 때, 또는 괴로운 일로 번민하다가 마음 편한 친구나 선배가 곁에 있어줄 때 우리는 기쁨과 행복을 느낍니다. 이때 우리는 마음이 가라앉는 고요한 행복을 느낍니다. 그래서 생각을 가다듬어 자신의 고민을 다시 볼 수 있습니다.

중국 전국시대의 사상가 장자莊子 또한 깨달음을 얻기 위해 멀리 떠남을 중요하게 여겼습니다. 소풍을 가듯, 멀리 떠나 바라보는 것이 곧 장자의 산책입니다. 장자는 이것을 소요유逍遙遊라고 했습니다. 소요유는 현실에서 떠나 무심하게 자신을 바라보는 방법입니다. 그런 면에서 장자의 소요유는 부처님이 경험한 첫 번째 선정과 비슷하다고 할 수 있습니다.

경전에는 여러 가지 선정에 대한 설명이 있지만, 학자들에 따르면 네 가지 선정〔四禪定〕이 불교 고유의 선정입니다. 위 '삿짜까에 대한 큰 경'에 나오는 것처럼, 부처님이 출가하기 전 나무 그늘 밑에서 경험한 선정이 첫 번째 선정입니다. 첫 번째 선정은 사유(의도)와 숙고를 갖추고 멀리 떠남에서 오는 기쁨과 행복을 느끼는 선정입니다. 즉 번다한 현실을 떠나겠다는 생각을 일으켜 조용한 곳에서 시작하는 선정입니다. 두 번째 선정은 사고와 숙고가 쉬며 기쁨과 행복을 느끼는 선정입니다. 더 이상 번거로움을 느끼지 않기 때문에 떠나겠다는 생각이 사라지면서 신체적인 기쁨과 행복을 느끼는 단계입니다. 세 번째 선정은 신체적으로 즐거움을 느끼지만 서서히 새김과 기억이 일어나는 단계입니다. 여기서부터 이성적인 사고가 일어납니다. 그래서 '평정하고 새김이 있고, 행복을 느끼는 단계'라고 말합니다. 마지막 네 번째 선정은 행복과 고통이 그치고 쾌락과 근심이 사라져 평정하고 맑고 깊은 사유를 할 수 있는 단계입니다. 이 단계부터 부처님의 가르침(법)을 새기며 그 깊은 이치를 느낄 수 있습니다.

부처님이 가르친 이 네 가지 선정은 이론이 아니라 직접 실천할 때 그 의미가 분명해집니다. 사선정은 실천할수록 누구나 경험할 수 있고, 지혜로운 사람은 스스로 알 수 있으며, 누구나 와서 보라고 할 수 있으며, 2,500여 년이 넘는 오늘날에도 여전히 유익한 수행법입니다.

무엇보다 중요한 것은 부처님이 가르친 이 네 가지 선정에는 기쁨과 행복이 있으며, 평정과 깊은 사색이 있다는 점입니다. 이 선정을 통해 부처님은 깨달음을 얻었습니다. 그 깨달음은 기쁨과 평정이 있는 행복한 깨달음입니다.

{행복한 깨달음}

다음의 '고행의 경'과 '7년 추적의 경'을 보면 싯다르타가 고행을 버린 후 드디어 붓다(Buddha), 즉 깨달음을 얻은 자가 된 것을 알 수 있습니다. 먼저 '고행의 경'입니다.

한때 세존께서는 완전한 깨달음을 얻은 직후, 우루벨라 마을의 네란자라 강가에 있는 아자빨라 보리수 아래에 계셨다. 그때 세존께서 한적한 곳에서 홀로 고요히 명상하시는데, '참으로 나는 이 고행에서 벗어났다. 참으로 내가 그 이로움이 없는 고행에서 벗어난 것은 훌륭한 일이다. 내가 앉아서 마음을 가다듬어 깨달음을 이룬 것은 훌륭한 일이다.'라는 생각이 마음속에 떠올랐다. 그때 악마 빠삐만이 세존께서 생각하시는 것을 마음속으로 알아내고는 세존이 계신 곳으로 찾아왔다. 가까이 다가와서 세존께 시로 말했다.

"젊은 학인들은 청정함으로 이끄는
고행의 실천을 버리고

청정한 삶의 길에서 빗나가
부정한 것을 청정하다고 여기네."

그때 세존께서는 '이것은 악마 빠삐만이다'라고 알아채고 악마
빠삐만에게 이와 같이 시로 대답하셨다.

"불사不死를 위한
어떠한 고행도 소용이 없고
마른 땅위에 배의 노나 키처럼
모든 고행이 쓸모없음을 아니,

계행과 삼매와 지혜로
깨달음에 이르는 길을 닦아서
나는 위없는 청정한 삶에 이르렀으니
죽음의 신이여, 그대는 패했네."

그러자 악마 빠삐만은 '세존께서는 나에 대하여 알고 있다. 부처님
께서는 나에 대하여 알고 있다'라고 알아채고 괴로워하고 슬퍼하며
그곳에서 즉시 사라졌다.

_『쌍윳따니까야』 제4쌍윳따 '고행의 경'

위 '고행의 경'을 읽어보면, 싯다르타는 고행을 버리고 마음을 가다듬어 깨달음을 이루었다고 말씀합니다. 깨달은 자, 즉 붓다가 된 것입니다. 내용 중 다음 시는 불교의 성격을 이해하는 데 매우 중요한 의미를 지니고 있습니다.

계행과 삼매와 지혜로
깨달음에 이르는 길을 닦아서
나는 위없는 청정한 삶에 이르렀으니
죽음의 신이여, 그대는 패했네.

여기에서 부처님은 계행과 삼매와 지혜로 깨달음을 얻었다고 말합니다. 계행·삼매·지혜는 계戒·정定·혜慧라고도 하며, 이 세 가지를 깨달음에 이르는 삼학三學이라고 합니다.

불교에서 이 삼학을 강조하는 이유가 어디에 있을까요?

삼학은 선정이나 고행주의와는 다른, 그 당시로서는 전혀 새로운 수행방법이기 때문입니다.

먼저 여기서 말하는 계행은 부처님이 깨달음을 얻은 직후 말씀한 것이기 때문에 아직 승단이 만들어지기 전의 계행입니다. 그러므로 우리가 앞 '라마 경'에서 보았듯이, 싯다르타가 출가한 후 지켜온 몸가짐에서 그 계의 뿌리를 볼 수 있습니다. 참고로 앞에서 인용한 라마경의 일부를 다시 요약해서 인용합니다.

나는 그때 수염과 머리를 깎고, 가사를 입고, 지극한 믿음으로
출가하여 집 없이 도를 배우면서 몸을 청정하게 보호하였고, 입과
뜻을 청정하게 보호하였다. 그래서 나는 이 계율을 몸으로 삼은
뒤에, 병이 없는 위없이 안온한 열반을 구했다.

  싯다르타는 출가한 이래 '몸을 청정하게 보호하였고, 입과 뜻을
청정하게' 보호하였습니다. 그래서 '이 계율을 몸으로 삼으며' 진리
를 구했습니다. 몸과 입과 뜻을 청정하게 보호한 것은 성내거나
남을 해치는 언행이나 생각을 삼가는 것입니다. 폭력과 반목의
고통을 경험하고 거기서 벗어나는 길을 찾는 싯다르타는 스스로
이러한 계행을 지켰던 것입니다. 둘째, 삼매는 선정, 즉 고요함과
집중을 뜻합니다. 고요함은 욕망의 헐떡임을 멈추는 데서 옵니다.
앞에서 설명한 기쁨과 행복과 평정과 새김이 있는 네 가지 선정(四禪
定)이 불교의 선정입니다. 마지막으로 지혜는 관찰 또는 통찰을
의미합니다. 신체에 고통을 주거나 마음을 특정한 의식 상태에
집중하는 것과 달리, 불교의 지혜는 고통의 원인을 찾아나가는
사유와 관찰, 즉 고통을 기억하고 그 원인을 새겨나가는 것을 뜻합니
다. 특히 욕망의 성격과 조건을 성찰하는 것은 불교의 탁월한 특징이
라고 하지 않을 수 없습니다.
  부처님이 깨달음을 얻은 직후 이 계행·삼매·지혜를 말씀하는
것을 볼 때, 삼학은 나중에 성립한 불교 체계라기보다, 부처님이

깨달음을 얻기 위해 거친 수행역정을 반영하고 있다고 볼 수 있습니다. 즉, 삼학은 여러 수행을 거치면서 부처님이 스스로 창안한 수행방법입니다. 이 삼학의 내용을 자세히 보면 팔정도(올바른 견해, 올바른 사유, 올바른 언어, 올바른 행위, 올바른 생활, 올바른 정진, 올바른 새김, 올바른 집중)가 여기서 비롯되었다는 것을 알 수 있습니다.

다음의 '7년 추적의 경'은 악마가 싯다르타가 출가한 후 7년 동안을 따라다녔다고 해서 붙여진 이름입니다. 특히 이 경에는 한때는 촉망받았던 수행자였으나 지금은 비난 속에 혼자 외로운 길을 걷는 싯다르타를 "비탄에 젖어서 홀로 외로이, 마치 마을에서 무슨 죄를 저지르고 사람을 피해 숲 속에 숨어 있는 듯한 사람"으로 묘사하고 있습니다.

한때 세존께서 네란자라 강 언덕에 있는 우루벨라 마을의 아자빨라 보리수 아래에 계셨다. 그런데 그때 악마 빠삐만은 7년 동안 세존을 쫓아다니면서 기회를 엿보았으나 기회를 얻지 못하였다. 그럼에도 불구하고 악마 빠삐만이 세존께서 계신 곳으로 찾아왔다. 가까이 다가와서 세존께 시로써 말했다.

{빠삐만}

"슬픔에 잠겨 숲 속에서 선정을 닦는구나.
돈을 잃었는가? 무엇을 갖고 싶은가?
혹시 마을에서 무슨 죄를 저질렀는가?
왜 사람들과 사귀지 않고,
누구와도 교제를 나누지 않는가?"

{세존}

"나는 슬픔의 뿌리를 모두 잘라버렸으니
슬픔도 없고 죄악도 없이 선정을 닦는다네.
모든 존재에 대한 탐욕을 버려
게으름의 벗이여, 나는 번뇌없이 선정에 들었네."

{빠삐만}

"어떤 것을 두고 '이것은 나의 것'이라 말하고
'나의 것'에 대해 말하지만
수행자여, 그대의 생각이 거기에 있으면
그대는 내게서 벗어나지 못하리."

{세존}

"그들이 말하는 것은 '나의 것'이 아니고

그렇게 말하는 자들 가운데 나는 없네.
빠삐만이여, 그대는 이와 같이 알아야 하리.
그대는 결코 나의 길을 보지 못하리."

{빠삐만}

"만약 그대가 깨달았다면
평화와 불사不死의 길을 가라.
그대 홀로 가라.
그대 왜 남을 가르치는가?"

{세존}

"저 언덕으로 가고자 하는 사람들은
불사의 세계에 관해 묻는다네.
나는 그들의 질문에 대답할 뿐이네.
집착에서 벗어나는 진리를."

_『쌍윳따니까야』 제4쌍윳따 '7년 추적의 경'

조용히 자신을 관찰하고 사색하는 선정이 결코 세상이 칭송하는 고행이 아니지만, 부처님은 고행을 포기했다는 어떤 죄의식이나 슬픔이 없이 선정에 들었다고 말합니다. 악마는 싯다르타에게 왜 혼자 있는지 묻습니다. 이 질문은 사람들이 싯다르타에게 물어볼 수 있는 질문이기도 합니다. 돈을 잃었는지, 무엇을 갖고 싶은지, 혹시 마을에서 무슨 죄를 저질렀는지, 왜 다른 사람들처럼 무리를 지어 다니지 않고 외톨이가 되었는지 조롱했습니다. 그러나 부처님은 소유, 공덕, 고행 등에 대한 탐욕을 버리고 슬픔의 뿌리를 잘랐다고 말합니다. 다음 경전은 탐욕을 떠나는 것이 무엇을 뜻하는지 알려줍니다.

나는 탐욕을 커다란 홍수라고 부른다. 욕망을 물결이라고 부른다. 감각의 대상을 파도의 움직임이라고 부른다. 감각적 쾌락은 건너기 어려운 진흙탕이라 부른다.
진실에서 떠나는 일이 없이 성자, 바라문은 높은 언덕에 서 있다.
모든 욕망을 버려, 사람들이 그를 '고요해졌다'고 한다.
그는 진실로 알며, 지식을 가지고 있다. 진리를 알아 그는 누구에게 의지하지 않는다. 그는 세상에서 바르게 행하고, 여기 어느 누구를 부러워하지 않는다.
여기 감각적 쾌락을 넘었고, 이 세상에서 건너기 어려운 집착을 넘어선 사람은 슬퍼하거나 걱정하지 않는다. 그는 흐름을 넘어 끊었으며, 속박이 없다.
과거에 있었던 번뇌를 말려버리고, 미래에는 그대에게 아무것도 없게 하라. 그 사이 현재에 아무것도 집착하지 않는다면, 그대는 마음이 고요하게 되어 다니게 될 것이다.

'이것은 내 것이다' 또는 '이것은 남의 것이다'라는 생각이 없는 사람, 이렇게 내 것이라는 소유의 관념을 느끼지 않는 사람은 '나는 이것이 없다'고 하여 슬퍼하지 않는다.
_『숫타니파타』 제4장 시의 장, '폭력을 휘두름'

불교에서 말하는 탐욕은 소유에 대한 욕망과 감각적 쾌락에 대한 집착을 뜻합니다. 사람들은 탐욕의 대상을 '나의 것'이라고 여기지만, 싯다르타는 이 세상에 '나의 것'이 없음을 깨달았습니다. 그래서 평화와 해탈을 얻었습니다. 초기 경전일수록 무아無我의 진리는 단순히 '내가 없다'는 뜻보다는 '내 것이 없다'는 뜻을 강조하고 있습니다.

"수행승들이여, 그대들의 것이 아닌 것을 버려라. 그대들이 그것을 버리면 유익하고 안락하리라. 수행승들이여, 무엇이 그대들의 것이 아닌가?
물질과 느낌과 지각과 형성과 의식은 그대들의 것이 아니다. 그러므로 그것을 버려라. 그대들이 그것을 버리면 유익하고 안락하리라.
_『쌍윳따니까야』 제22쌍윳따 '그대의 것이 아님의 경'(요약)

부처님(Buddha), 즉 깨달은 이는 마음속에 '내 것'이라는 욕망이 사라진 사람입니다. 그러나 욕망과 집착이 사라졌다고 하여 무미건

조하게 사는 것을 뜻하지 않습니다.

깨달은 이의 마음은 마치 천진한 아이의 마음에 비유할 수 있습니다. 아이들은 친구를 사귈 때 나와 상대방에 대한 분별이나 세속적인 잣대를 가지지 않습니다. 자신의 미래의 안전이나 이익을 구하지 않습니다. 친구가 미래의 자기에게 어떤 손익이 올지 분별을 하지 않습니다. 존재와 시간에 대한 탐욕이 없습니다. 그래서 그 우정이 순수합니다. 우리가 커서도 어릴 때 사귄 친구를 만나면 마음이 편하고 정이 일어나는 것은 그 만남이 순수했기 때문입니다. 누구나 경험하는 것이지만, 어릴 때는 먹고 입는 것이나 자는 것 등에 세속적인 관심이 없습니다. 그저 배고픔을 그칠 정도로 먹고, 잠이 오면 몸을 누이면 그만입니다. 마찬가지로 깨달은 이는 우정과 연민이 깊고, 먹고 입는 것에 검박합니다.

내 것이 없음을 깨달은 이는 내 것에 대한 집착에서 자유롭습니다. 그는 욕망에 묶여 있는 사람들에 대해 연민을 느낍니다. 그는 연민을 가지고 욕망에서 벗어나는 길을 가르칩니다. 그 길은 합리적인 마음의 성찰입니다. 마음의 성찰에는 권위나 집단적인 선동이 개입할 여지가 없습니다. 그래서 수행이 고요하고 평화롭습니다. 깨달은 이의 특징을 굳이 말하자면, 우정과 연민이 깊고, 먹고 입는 것에 검소하며, 합리적이고 평화롭다고 할 수 있지 않을까요? 부처님의 일생을 살펴보면 이 점을 공감할 수 있습니다.

진리를 이 세상과 우주를 뛰어 넘는 그 어떤 것으로 보는 사람들에게는 부처님의 이 깨달음이 하찮고 평범한 것으로 보일 수도 있습니다. 그러나 부처님이 깨달은 무아의 진리〔無我法〕는 탐욕을 버리고 삶을 진지하게 바라볼 때, 심오한 진리로 다가올 수 있습니다. 탐욕이 있으면 내 것에 대한 집착이 있으며, 탐욕이 사라질 때 내 것에 대한 집착이 사라집니다. 이렇게 결과와 원인을 성찰하는 것을 연기법이라고 합니다. 그러므로 무아의 진리는 연기법 속에서 이해해야 그 뜻을 바로 알 수 있습니다. 혹, 무아의 뜻을 우리의 몸은 에너지로 구성되어 있어서 내가 없다든가, 영혼이 없기 때문에 무아라고 이해한다면, 탐욕의 소멸이나 평정과 기쁨을 경험할 수 없습니다.

다음에는 부처님이 자신의 깨달음인 연기법을 어떻게 설명했는지 살펴보겠습니다.

4. 기쁨과 망설임

{깨달은 자가 보는 세상-연기법}

부처님은 자신이 얻은 깨달음을 연기법緣起法으로 설명했습니다. 연기법은 문자 그대로 '원인이나 조건에 의해 일어난다'는 뜻입니다. 즉 현실의 고통을 발견하고 고통이 무엇 때문에 일어나는지 탐구하는 방식입니다. 부처님은 연기법을 이렇게 가르쳤습니다.

이것이 있기 때문에 저것이 있고,
이것이 일어나면 저것이 일어난다.
이것이 없으면 저것이 없고,
이것이 없어지면 저것이 없어진다.

위에서 말하는 '이것'은 원인을 뜻하고, '저것'은 그 결과를 의미합니다. 이 연기법적인 관찰은 고통의 원인을 마음속에서 찾아나가는 성찰과정입니다. 다시 말해 연기법적인 성찰은 자신의 마음으로 자신의 마음이나 다른 사람의 마음을 이해하는 과정입니다. 예를 들어 서로 미워하다가 몽둥이로 폭력을 행사하는 분란이 일어났을 때, 싸움의 원인을 연기법적으로 성찰하면 다음과 같이 말할 수 있습니다.

　미움이 있기 때문에 싸움이 있고,
　미움이 일어나면, 싸움이 일어난다.
　미움이 없으면 싸움이 없고,
　미움이 없어지면, 싸움이 없어진다.

　그러므로 미움이 폭력을 낳는 것을 보고, 폭력이 고통이며 재난이며 위험인 것을 이해하면, 미움을 버립니다. 미움을 버리면 폭력이 사라집니다. 싸움이 고통이면, 미움이 일어난 것이 고통의 원인입니다. 미움을 소멸하면 싸움(고통)이 사라집니다. 부처님은 스스로 미움 등의 여러 욕망과 집착의 소멸을 경험하고, '욕망과 집착은 소멸된다.'고 말했습니다. 성찰을 통해 욕망과 집착을 버릴 수 있다는 사실을 가르친 것입니다.
　연기법은 위에서 설명한 것처럼 논리적으로 보면 조금 추상적으로 보이기도 합니다. 그러나 부처님이 바라문들과 나눈 대화를 자세히 살펴보면 부처님의 모든 현실인식이 이 연기법에 기초하고 있는 것을 볼 수 있습니다. 그러기에 앞서 바라문을 정점으로 한 카스트제도와 당시 정치 및 종교의 관계에 대해 알아보도록 하겠습니다.

부처님은 어느 날 재산이 많은 늙은 바라문들을 만났습니다. 이 늙은 바라문들은 당시 기존 정치 사회의 질서를 고수하는 보수적인 종교지도자들입니다. 이 바라문들이 나이가 많고 재산이 많다는 것은 이들이 종교행위에 오래 종사했으며, 동시에 종교행위를 통해 재산을 많이 모았다는 것을 의미합니다.

바라문들은 종교적인 전통에 의해 정치적인 특권을 누리고 있었습니다. 종교계급인 바라문과 왕의 관계는 인도의 계급질서를 규정하는 정치적·종교적 특징입니다. 그러므로 이 늙고 재산이 많은 바라문들을 이해하기 위해서는 고대 인도의 정치와 종교를 이해할 필요가 있습니다. 정치와 종교의 관계는 인도의 고대 경전인 베다에 잘 나타나 있습니다. 다음은 베다의 『브리하다란야까 우파니샤드』에서 나오는 구절인데, 왕과 바라문의 관계를 다음과 같이 잘 설명하고 있습니다.

"처음에 브라흐만 혼자만이 있었다. 혼자였으므로 그는 아무것도 하지 않았다. 움직이지 않으면서도 자신의 훌륭한 모습을 만들었으니 그것은 사람들 중에 끄샤뜨리야, 신들 중에 인드라(신 중의 왕), 와루나(물의 신), 짠드라(달의 신), 루드라(짐승들의 왕이 되는 신), 빠르쟌나(비, 번개의 신), 야마(죽음의 신), 죽음(질병), 그리고 이샤나(빛의 신)였다.

그러므로 사람들 중에 끄샤뜨리야보다 높은 사람은 없다. 브라만은 끄샤뜨리야보다 낮은 위치에 서서 라자수야 제례를 행한다. 그는 그 영광을 끄샤뜨리야에게 나누어준 것이다. 브라만은 끄샤뜨리야의 원천이다. 그러므로 비록 왕이 제례에서 최고의 위치를 점하더라도 그 제례 마지막은 그의 원천인 브라만에게 의지한다. 브라만을 낮춰보는 사람은 그 자신의 근원을 해치는 것이다. 누구나 자신의 상위 존재를 해치면 더욱 죄악을 키우게 될지라."

_『브리하다란야까 우파니샤드』 제4편, 이재숙 역

『브리하다란야까 우파니샤드』는 베다 중에서도 초기에 성립된 우파니샤드입니다. 이 경전에 언급되고 있는 카스트제도의 기원에 대해서는 여러 학설이 많습니다. 초기 베다경전의 성립시기를 B.C. 1,000년으로 보더라도 카스트제도는 부처님이 살던 시대에는 이미 500여 년이 넘게 내려온 제도입니다.

『브리하다란야까 우파니샤드』에 따르면, 우주의 근본인 브라흐만(바라문)이 신과 물과 달과 짐승의 신을 만들고 끄샤뜨리야, 바이샤, 슈드라 등의 계급을 만들었습니다. 그 중 끄샤뜨리야는 브라흐만이 만든 사람들 중에 가장 훌륭한 모습입니다. 그래서 왕은 세속에서 가장 높은 왕이 됩니다. 그래서 정치는 왕(끄샤뜨리야)이 맡지만, 모든 종교적인 권위는 바라문계급에 있습니다. 바라문 외에 끄샤뜨리야나 평민도 베다를 읽을 수 있지만, 오직 바라문만이 제사를 주관할 수 있고, 제사에 대한 선물을 받을 수 있습니다.

여기서 왕과 바라문 사제들의 정치적·종교적 공생관계를 볼 수 있습니다.

제사를 지내며 바라문에게 보시를 하는 등 선업을 지으면 다음 생에 사제로 태어나거나 왕족이나 평민으로 태어나지만, 악업을 지은 자들은 당장 개나 돼지로 태어나거나 천민으로 태어납니다. 바라문들은 바라문들에게 토지를 보시하면 모든 죄에서 벗어난다는 신념을 퍼뜨려 많은 토지를 얻을 수 있었습니다.

위 우파니샤드에 따르면, 카스트제도는 우주의 근본인 브라흐만이 움직이지 않고 만들었다고 합니다. 움직이지 않고 만들었다는 것은 인위적인 의도 없이 만들었다는 뜻으로 해석할 수 있습니다. 하지만 바라문, 끄샤뜨리야, 바이샤, 그리고 노예계급(슈드라)은 실상 인위적인 정치제도입니다. 이처럼 우파니샤드는 카스트제도가 우주의 근본 질서인 것처럼 진실을 호도하고 있습니다.

이제 부처님과 늙고 유한 바라문들이 대화를 나눈 경전(『숫타니파타』 제2 작은 장, '바라문의 삶에 대한 경')을 보겠습니다. 이들 연로한 바라문들이 부처님을 성(고따마)으로 부르고 있습니다. 그만큼 그들의 입장에서는 부처님이 아직 젊은 탁발 수행자로 비쳐진 것입니다.

어느 때 세존께서 사바티의 제타 숲 속 아나따삔디카 공원에 계셨다. 그때 꼬살라 땅에 사는 나이 많고, 늙고, 연로하고, 연세가 높고, 재산이 많은 여러 바라문들이 세존이 계신 곳으로 가까이 다가갔다. 그리고 스승에게 예법에 맞는, 다정한 인사를 나누고는 한 쪽으로 가서 앉았다.

그들 재산이 많은 바라문들이 스승에게 말했다.

"고따마여, 오늘의 바라문들은 옛 바라문들이 지켜온 계율을 따르며 살고 있습니까?"

"아닙니다. 바라문들이여, 오늘의 바라문들은 옛 바라문들의 계율을 지키며 살고 있지 않습니다."

"그렇다면 고따마여, 번거롭지 않으시면, 옛날 바라문들이 지킨 법을 저희들에게 말씀해 주십시오."

"그럼 바라문들이여, 주의해 들으십시오. 내가 말씀드리겠습니다."

"예, 말씀해 주십시오." 재산이 많은 바라문들은 스승에게 대답했다.

부처님이 늙은 바라문들을 만나서 나눈 첫 대화를 보면, 참으로 놀라지 않을 수 없습니다. 연로하고 세력이 있는 바라문들이 젊은 신흥 사상가인 부처님에게 자신들의 삶이 옛 바라문들의 전통을 지키고 있는지 물어봅니다. 종교가라면, 특히 전통적으로 내려오는 종교를 지키는 사람들이라면 누구나 자신이 옛 전통을 지키고 있다고 자부합니다. 그러나 부처님은 이 세도가 있는 늙은 바라문들에게 그렇지 않다고 대답합니다. 부처님의 대답에서 권위에 흔들리지 않고 거침없이 진실을 말하는 젊은 수행자의 모습을 볼 수 있습니다. 그러자 늙은 바라문들은 옛 바라문들의 계율에 대해 설명해 달라고 합니다.

부처님께서는 다음과 같이 말씀하셨다.
"옛날의 진리를 보는 자들은 자신을 완전히 자제하였고, 금욕적이었습니다. 그들은 눈·귀·코·혀·몸 등 다섯 가지 감각적 쾌락을 버리고 자기의 참된 행복을 실천하였습니다.
바라문들에게는 가축이나 황금, 재산도 없었습니다. 공부를 재산이나 곡식으로 삼아 배웠습니다. 성스러운 생활을 보물로 여기며 지켰습니다.
바라문들을 위해 준비하는 것, 믿음으로 바쳐지는 것은 문 앞에 놓여진 조리된 음식이었습니다. 그들은 이런 것이 그것을 필요로 하는 사람에게 주어지는 것이라고 생각했습니다.
번성하는 도시나 왕국들은 여러 색깔로 아름답게 물들인 옷과 침대와 집들로 그들 바라문에게 존경을 표했습니다.
바라문들은 법의 보호를 받고 있었기 때문에, 그들을 침범하거나 정복할 수가 없었습니다. 누구라도 그들이 문 앞에 서 있는 것을 막을 수 없었습니다.

옛 바라문들은 48년간 젊은 바라문의 삶을 실천했습니다. 즉, 옛날에는 바라문들은 지식과 선행善行을 추구하는 삶을 실천했습니다.

아내를 얻기 위해 다른 종족들이 사는 곳으로 가지 않았습니다. 또한 그들은 아내를 사지도 않았습니다. 다만 서로 동의할 때에만 같이 만나, 함께 살면서 기쁨을 누렸습니다.

바라문들은 월경이 끝났더라도 아무 때나 성행위에 빠지지 않았습니다.

그들은 훌륭한 삶과 계율을 지키는 도덕적 행위, 정직, 온순함과 금욕, 겸손, 비폭력, 그리고 참고 견디는 것을 찬양하였습니다. 그들은 누구라도 굳은 수행을 하는 으뜸가는 바라문이었으며, 꿈속에도 성행위에 빠지지 않았습니다.

이 세상에 있는 몇몇 지혜로운 자들은, 그의 수행을 본받아, 훌륭한 삶과 선행과 인내를 찬양했습니다.”

부처님의 설명과 같이, 옛 바라문들은 자신의 감각적 쾌락을 자제했습니다. 그들은 걸식을 했으며, 사람들은 음식을 조리해 존경과 믿음의 표시로 문 앞에 놓아두었습니다. 그들은 훌륭한 삶과 계율을 지키는 도덕적 행위, 정직, 온순함과 금욕, 겸손, 비폭력, 그리고 인내를 숭상했습니다. 국왕들은 이런 바라문들을 존경했으며, 법으로 보호했습니다. 바라문들은 일반 백성과 달리

형벌과 고문에서 면제되었습니다. 부처님의 설명은 계속됩니다.

"쌀과 침구와 의복과 버터와 기름 등을 청하여 얻어, 법도대로 모아 제사를 지냈습니다. 제사를 지낼 때, 절대로 소를 죽이는 일은 없었습니다.
'부모 형제, 그 밖의 친족들처럼, 소는 우리들의 최상의 친구이다. 소한테서는 약이 생긴다. 소들은 먹을 것을 주고, 기력을 주며, 아름다움을 주며, 행복을 준다.'
바로 이런 사실을 알기 때문에 그들은 소를 죽이지 않았습니다. 겸손하고, 몸집이 크고, 용모가 수려하며, 명성이 있는 바라문들은 전해온 법도에 따라 해야 할 일을 하고, 해서는 안 될 일은 결코 하지 않았습니다. 법도가 이 세상에 존재하는 동안, 이 종족은 행복 속에서 번영했습니다."

부처님은 옛 바라문들의 개인적인 청정한 삶을 말하면서 현재 바라문들이 그렇게 살지 않는 것을 간접적으로 비판하고 있습니다. 여기서 부처님은 한 걸음 더 핵심으로 다가갑니다. 즉 바라문들의 종교행위인 제사에 대해 이야기를 시작합니다. 제사는 당시 바라문들의 가장 중요한 종교행위였습니다. 옛 바라문들은 신도들에게서 얻은 쌀과 침구와 의복과 버터와 기름 정도의 물품으로 제사를 지냈다고 말합니다. 부처님은 옛 바라문들이 지낸 소박한 제사의 모습을 설명하면서 지금의 호화롭고 거대한 제사는 타락한 것이라고 말합니다. 바라문의 역사에 대한 부처님의 설명이 계속 이어집니다.

"그런데 그들에게 변화가 일어났습니다. 점점 왕자같은 영화와 옷차림이 화려한 부인들, 준마가 끄는 마차와 그것을 꾸민 아름다운 장식, 조화롭게 잘 지어진 거처와 집들, 그리고 많은 무리의 소와 여러 미녀들에게 에워싸인 부유함을 보면서, 바라문들은 이것을 탐내게 되었습니다.

이런 것들을 얻을 욕심으로 그들은 베다 신주를 편찬하고는, 저 옥카가 왕에게 가서 말했습니다. '그대는 재산과 식량이 풍부합니다. 제사를 지내십시오. 그대의 재산은 많습니다. 제사를 지내십시오. 그대의 재산은 많습니다.'

군대들의 주인인 왕은, 바라문들의 권유를 받아 말을 위한 제사, 인간을 위한 제사, 물의 축제, 소마(제사에 지내는 술 종류)에 대한 제사 등을 지내고 바라문들에게 재물을 주었습니다.

소, 침구, 의복, 잘 차려 입은 여인들, 그리고 잘 만들고 아름답게 채색된 외양을 갖춘, 준마가 끄는 수레, 잘 설계된 화려한 저택에 여러 가지 종류의 곡식을 채우고서는, 왕은 이 재물들을 바라문들에게 보시했습니다."

옥카까 왕은 전설 속에 나오는 옛 왕입니다. 바라문들은 세력이 크고 호화로운 삶을 사는 왕을 보자 욕심이 일어났습니다. 점점 왕자같은 영화와 옷차림이 화려한 부인들, 준마가 끄는 아름다운 마차, 잘 지어진 거처와 집들, 그리고 많은 무리의 소, 여러 미녀들에게 둘러싸인 인간의 부유함을 본 바라문들은 이것들을 탐내기 시작했습니다.

부처님의 통찰에 따르면, 바라문들이 부를 얻기 위해 선택한 수단은 곧 규모가 큰 제사였습니다. 제사를 지내면 많은 재물을 보시로 요구할 수 있다고 생각했기 때문입니다. 그래서 그들은 거대한 제사의 형식과 이에 걸맞은 주문을 만들어 냈습니다. 바라문들은 전쟁을 치르는 왕을 위해 말을 위한 제사, 인간을 위한 제사, 물의 축제, 소마에 대한 제사 등 갖가지 제사를 만들었습니다.

말은 끄샤뜨리야 즉 정치를 담당하는 왕족계급을 상징합니다. 소마는 승리를 상징하는 축배의 술을 상징합니다. 바라문들은 왕을 군대의 주인이라고 불렀습니다. 바라문들은 끄샤뜨리야 계급인 왕에게 말을 위한 제사와 소마에 대한 제사를 지내고 새로운 주문을 만들어 냈습니다. 제사를 지내준 바라문들은 왕에게서 소, 침구, 의복, 잘 차려입은 여인들과 호화로운 장식을 한 수레, 그리고 갖가지 곡식을 가득 채운 화려한 저택을 받았습니다. 실상 왕들이 이렇게 엄청난 재물을 보시할 수 있는 것은 전쟁을 통해 약탈한 전리품이 컸기 때문입니다. 이들 재물들을 보면, 당시 전쟁의 규모가 얼마나 컸는지를 반증하고 있습니다. 부처님은 이 모든 제사가 예부터 내려오는 제사가 아니라 소유의 욕망이 만든 위선임을 강조하고 있습니다. 종교와 제사의 역사에 대해 깊은 지식을 가지고 있는 젊은 수행자 고따마 싯다르타의 모습을 볼 수 있습니다.

"이와 같이 재물을 얻게 된 그들은 이를 저장하는데 기쁨을 발견했습니다. 욕망에 정복당하여, 그들의 갈망은 더욱 더 늘어났습니다. 그리하여 이를 위해, 다시 베다의 주문을 편찬하여, 그들은 옥카까 왕에게 갔습니다.
'물과 땅과 황금과 재물과 식량이 그렇듯, 소는 인간들에게 필요한 것입니다. 제사를 지내십시오. 그대의 재산은 많습니다. 제사를 지내십시오. 그대의 재산은 많습니다.'
이에 군대의 주인인 왕은, 바라문들의 권유로, 제사에 수십만 마리의 소를 희생하여 잡게 했습니다.
소는 다리나 뿔, 그 밖의 어떤 것으로 누구도 해치는 일이 없었습니다. 소는 양처럼 온순하며, 여러 항아리의 우유를 줍니다. 그런데 왕은 뿔을 잡고 칼로 찔러 소를 죽이게 했습니다.
소를 칼로 찌르자, 모든 신들과 조상들 및 제석천과 아수라, 그리고 나찰들은 '법도에 어긋나는 일이다'라고 외쳤습니다.
옛날에는 탐욕과 굶주림과 늙음의 세 가지 병밖에 없었습니다. 제사 지내기 위해 여러 가지 가축들을 죽였기 때문에, 아흔여덟 가지 병이 생기게 되었습니다.

이렇게 법도에 어긋나게 폭력을 행사하는 제사가 옛날부터 우리에게 전해오고 있습니다. 죄 없는 소들을 죽였으니, 그 제사들은 법도에 멀리 떨어졌습니다.

예로부터 내려온 이런 잔인한 풍습은 지혜로운 자들의 비난을 받아왔습니다. 사람들은 이런 살생을 목격하는 곳에서는 어디서나 제사 지내는 자들을 비난합니다.

이렇게 법이 무너질 때, 노예와 평민이 분열되고, 여러 왕족들이 심하게 분열되었으며, 아내는 남편을 멸시하게 되었습니다. 왕족과 범천의 친족(바라문) 및 종성의 제도(카스트제도)로 보호를 받는 다른 사람들도 종성에 대한 말씀을 배척하고는, 감각적 쾌락에 떨어지게 되었습니다."

위에 나오는 부처님의 비판을 자세히 보면, 당시 바라문들이 타락해 가는 과정을 눈앞에 보는 듯합니다. 제사와 주문을 만든 후 왕에게서 수많은 재물을 얻은 바라문들은 이어 부와 영화를 저장하고 싶은 마음이 일어났습니다. 저장은 곧 미래에 대한 집착입니다. 부처님은 소유의 욕망에서 저장하고 싶은 욕망으로 나아가는 바라문들의 마음의 변화를 통찰했습니다.

바라문들은 재물을 유지하고 늘리기 위해 새로운 제사와 베다의 주문을 만들었습니다. 제사의 규모를 늘리다 보니, 많은 짐승을 죽여야 했습니다. 심지어 농사나 우유를 얻는 데 꼭 필요한 소를 대량으로 죽였습니다. 죄 없는 생명을 함부로 죽이기 시작하면서 인간 세상에서도 혼란이 일어나, 남편과 아내가 서로 멸시하며, 왕족과 평민이 서로 등을 돌리고 노예와 평민이 분열되었습니다. 재물을 저장하고자 하는 욕심이 결국 제사의 규모를 키우고, 생명을 가볍게 여기고, 인간끼리 서로 반목하고, 정치적·사회적 혼란과 반목을 가져온 것입니다. 혼란과 반목의 실체는 전쟁·폭력·강탈·약탈·기만·위선·탐욕·미움·분노와 남을 해치는 생각 등입니다.

위 '바라문의 삶에 대한 경'을 읽으면 역사와 현실에 대한 부처님의 통찰을 알 수 있을 뿐만 아니라 부처님이 가르친 생로병사生老病死 우비고뇌憂悲苦惱 등 세상의 고통이 무엇을 의미하는지 잘 알 수 있습니다. 실로 부처님의 가르침에서 나타나는 폭력이나 반목, 두려움과 고통은 이렇게 단순한 개인의 심리적인 고통이 아니라 현실에서 경험하는 인간의 보편적인 삶의 실상을 의미하는 것을 알 수 있습니다. 이 경전은 부처님이 살던 시대의 상황을 잘 보여주고 있으며, 사성제나 팔정도, 연기법 등 부처님의 가르침을 이해하는 데 중요한 실마리를 주고 있습니다.

지금까지 바라문들이 욕망을 일으켜 나가는 과정을 연기법으로 정리해 보면 다음과 같습니다.

바라문들은 눈·귀·코·혀·몸과 생각을 통해 왕들이 누리는 호화로운 생활을 보았습니다. 여섯 가지 감각기관[六入]이 아름다운 형태·소리·향기·맛·감촉과 생각의 대상[六境]과 서로 만나 통해 접촉[觸]이 일어나고, 접촉에서 즐겁고 괴로운 느낌[受]이 일어납니다. 즐거운 느낌에서 애착[愛]이 일어나고, 애착에서 장차 소유하겠다는 욕망[取]이 일어납니다. 집착이 대상[有]에 대한 인식을 일으킵니다. 소유의 대상이 일어나면 마음속에 금·은·주택·여자·음식·말·소·양 등의 온갖 존재들이 생겨나고[生], 이것들이 늙고 병들고 죽으면[老病死], 거기에 따라 우울·슬픔·고통·비탄이 일어납니다. 12연기법을 배운 불자라면 이 설명을 들으면서 12연기법이 곧 현실의 구체적인 관찰에서 나온 진리임을 짐작할 수 있을 것입니다.

연기법을 관찰하면, 욕망이 일어나는 과정 속에는 영원한 나(아트만)라는 존재가 끼어들 여지가 없습니다. 영원한 내가 있다면 이 욕망의 과정에 어떤 영향을 줄 수 있을 것입니다. 그러나 욕망의 연기 과정 속에는 어떤 '나'라는 존재를 발견할 수 없습니다. 따라서 연기법을 이해한 사람은 욕망을 가라앉히는 수행을 하더라도, 그 공덕으로 내가 어디에 태어난다는 생각을 하지 않습니다. 그래서 윤회에 대한 질문에서 벗어나, 욕망의 발생과 소멸에 대해 물을 수 있습니다. 그러므로 연기법은 무아無我를 이해하는 근거가 됩니다.

연기법의 큰 특징은 무엇보다 소멸에 관한 가르침입니다. '이것이 없으면 저것이 없고, 이것이 없어지면 저것이 없어진다'는 가르침은 모든 고통의 원인은 남김없이 사라질 수 있다는 뜻입니다. 위 바라문들의 욕망을 보면 소멸의 가르침이 무엇을 뜻하는지 잘 알 수 있습니다. 왕들이 누리는 화려한 생활을 보더라도 눈과 귀와 코와 혀 등 감각기관과 생각을 단속하면 욕망이 일어나지 않습니다. 욕망이 사라지면 미래에 대한 집착이 사라집니다. 소유의 집착이 사라지면 온갖 근심 걱정과 혼란이 사라집니다.

욕망과 집착을 없앨 수 있다는 가르침은 인과가 없다거나 이미 정해진 것은 없앨 수 없다는 결정론 등 당시 수행자들의 가르침과 확연히 다른 사상입니다. 따라서 '이것이 없으면 저것이 없고, 이것이 없어지면 저것이 없어진다'는 진리는 단순히 논리적인 지식이 아니라 욕망과 집착이 소멸된다는 실제적인 길을 알려주는 놀라운 소식입니다.

부처님의 수제자 싸리뿟따(사리불)도 이 연기법의 게송을 듣고 부처님께 귀의했습니다. 어느 날, 싸리뿟따는 길에서 한 비구(앗사지 비구)가 걷는 모습을 보고 감동을 받았습니다. 그 비구는 몸가짐이 의젓하였고, 눈은 땅을 향하고 있었습니다. 싸리뿟따는 속으로 이런 사람이야말로 아라한이라고 생각하고 비구에게 말을 걸었습니다.

"벗이여, 당신의 감관은 매우 청정하여 피부 빛은 아주 흽니다. 벗이여, 당신은 누구에게 출가했으며, 누구를 스승으로 모시고 있으며, 누구의 법을 따르고 있습니까?"

"벗이여, 사키야(석가) 족의 아들로서 출가한 위대한 사문이 있습니다. 그분은 세존입니다. 나는 세존에게 출가했으며, 세존을 스승으로 모시고 있으며, 세존의 법을 따르고 있습니다."

"그대의 스승께서는 무엇을 설합니까?"

"벗이여, 저는 어리고 출가한지 얼마 되지 않아 교법과 율법에 대해서는 배움이 짧습니다. 저는 세존의 가르침을 자세히 가르쳐 줄 수는 없고 다만 간략한 의미만 말할 수 있을 뿐입니다."

앗사지 비구는 그리하여 싸리뿟따에게 법문을 설하였다.

"모든 법은 원인으로부터 발생하니
여래는 그 원인을 설하셨네.
모든 법의 소멸도 또한
위대한 사문은 그와 같다고 설하셨네."

싸리뿟따는 이 법문을 듣고 먼지와 때를 멀리 여읜 법안을 얻었다.

_『마하박가』 제1편 '사리풋타(싸리뿟따)와 못갈라나', 최봉수 역

사리불은 당시 대학자였습니다. 그는 앗사지 비구로부터 발생과

소멸에 관한 부처님의 게송을 듣고 감동한 나머지 다음과 같은 게송을 읊었습니다.

"비록 이것뿐이라고 하여도 이것은 바른 법이다.
수만 겁을 헤매어도 보지 못하였던
슬픔 없는 이 진리의 말씀을 그대들은 깨달았네."

사리불은 이어 벗 못갈라나(목련 존자)에게도 부처님의 게송을 알려주고 함께 '생겨난 것은 모두 소멸된다'는 법안을 얻은 후, 부처님께 귀의했습니다.

연기법은 삶의 고통을 끝내기 위해 출가한 부처님의 실천적인 문제의식에서 이해되어야 합니다. 연기법을 자연과학적인 방법론이나 우주적인 현상으로 파악하는 견해가 있기도 합니다. 이런 견해를 가진 사람들은 기존에 알려져 있는 물리학이나 자연과학적 지식을 인용합니다. 그러나 이런 쪽으로 연기법을 추구하면, 고통의 원인을 탐구하여 욕망과 집착을 소멸하는 불교의 기본적인 문제의식을 놓칠 위험이 있습니다. 더구나 자연과학적 지식으로 연기법을 설명하다보면, 나중에 그 지식이 학문의 발달에 따라 오류로 밝혀지면 자신의 경전 해석까지 수정해야 합니다.

부처님은 제자들이 연기법을 도식적으로 가볍게 이해하는 것을 막기 위해 연기법에 대해 '내가 스스로 설한 것이 손가락만한 것이라면, 설하지 않은 부분은 바다와 같이 많다.'고 말씀했습니다. 아난존자가 스스로 연기법을 명확히 알았다고 하자, 부처님은 이 연기법을 따라 삶을 이해하고 욕망과 환락과 집착을 실천적으로 소멸할 때 그 깊은 이치가 드러난다고 말했습니다. 부처님의 연기법은 우리에게 어떻게, 그리고 무엇을 성찰해야 하는지 심오한 지침이 되며, 우리 자신을 비추는 거울이 됩니다. 따라서 연기법에 따라 우리 자신의 삶을 살피는 것은 연기법적인 수행이라고 할 수 있습니다.

다음에는 네 가지 성스러운 진리 즉, 사성제四聖諦에 대해 생각해 보겠습니다. 사성제는 연기법을 확장한 부처님의 가장 중요한 가르침입니다.

{어머니를 섬기지 않는 이유-사성제와 팔정도}

예로부터 부처님의 가르침은 사성제와 팔정도로 알려져 있습니다. 사성제는 괴로움, 괴로움의 생성, 괴로움의 소멸, 괴로움의 소멸에 이르는 길 등 네 가지 거룩한 진리입니다. 사성제는 맨 먼저 고통의 문제를 제기합니다. 현실의 고통을 진지하게 인식하는 것이 불교 수행의 출발이라고 할 수 있습니다. 다음 경전이 고통의 의미를 잘 알려줍니다.

수행승들이여,
①어머니를 섬기는 사람은 매우 적고, 어머니를 섬기지 않는 사람은 매우 많다.
②살아 있는 생명을 죽이는 것을 삼가는 사람은 매우 적고, 살아 있는 생명을 죽이는 것을 삼가지 않는 사람은 매우 많다.
③주지 않는 것을 빼앗는 것을 삼가는 사람은 매우 적고, 주지 않는 것을 빼앗는 것을 삼가지 않는 사람은 매우 많다.
④거짓말을 하는 것을 삼가는 사람은 매우 적고, 거짓말을 하는 것을 삼가지 않는 사람은 매우 많다.

⑤초목의 훼손을 삼가는 사람은 매우 적고, 초목의 훼손을 삼가지 않는 사람은 매우 많다.

⑥때 아닌 때에 음식을 삼가는 사람은 매우 적고, 때 아닌 때에 음식을 삼가지 않는 사람은 매우 많다.

⑦꽃다발이나 향이나 크림으로 꾸미고 치장하는 것을 삼가는 사람은 매우 적고, 꽃다발이나 향이나 크림으로 꾸미고 치장하는 것을 삼가지 않는 사람은 매우 많다.

⑧높은 침대·큰 침대를 삼가는 사람은 매우 적고, 높은 침대·큰 침대를 삼가지 않는 사람은 매우 많다.

⑨금이나 은을 받는 것을 삼가는 사람은 매우 적고, 금이나 은을 받는 것을 삼가지 않는 사람은 매우 많다.

⑩왜곡·허위·사기·기만을 삼가는 사람은 매우 적고, 왜곡·허위·사기·기만을 삼가지 않는 사람은 매우 많다.

⑪추한 행동을 삼가는 사람은 매우 적고, 추한 행동을 삼가지 않는 사람은 매우 많다.

⑫인간으로 죽어서 인간으로 태어나는 사람은 매우 적고, 인간으로 죽어서 지옥 가운데 다시 태어나는 사람은 매우 많다.

그것은 무슨 까닭인가?

수행승들이여, 네 가지 거룩한 진리를 보지 못하기 때문이다. 네 가지란 어떠한 것인가?

괴로움의 거룩한 진리, 괴로움의 생성의 거룩한 진리, 괴로움의 소멸의 거룩한 진리, 괴로움의 소멸에 이르는 길의 거룩한 진리이다.

그러므로 수행승들이여, '이것은 괴로움이다'라고 수행을 닦아야 하고, '이것은 괴로움의 발생이다'라고 수행을 닦아야 하고, '이것은 괴로움의 소멸이다'라고 수행을 닦아야 하고, '이것은 괴로움의 소멸에 이르는 길이다'라고 수행을 닦아야 한다.

_『쌍윳따니까야』 제56쌍윳따 '진리'품에 있는 여러 경에서 요약

이 경전을 보면 부처님께서 말씀하는 고통이 무엇인지 좀더 구체적으로 다가옵니다. 부모님을 잘 섬기지 않는 것에서부터 남의 것을 빼앗거나 생명을 해치는 것, 또 나무나 풀 등 자연환경을 훼손하는 것, 거짓말을 일삼거나 호화로운 삶을 탐내는 등이 모두 고통입니다.

고통과 욕망을 성찰하는 것은 현실 속에서 우리의 삶의 부조리를 하나하나 깊이 새길 때 얻어집니다. 부처님의 가르침을 외우고 해석하는 것으로는 아직 부족합니다. 여기서 욕망을 성찰한다는 것은 욕망의 사회적 성격까지 성찰하는 것을 의미합니다. 부처님이 꼬살라국의 바라문 마을 베르드와라에 도착했을 때, 베르드와라의 바라문 장자들은 이렇게 물었습니다.

"세존이시여, 저희들은 침실에 어린 여자들이 많은 집에서 살고

싶고, 까씨에서 나는 고급 전단향을 사용하고 싶습니다. 화환과 향과 크림으로 치장하고 싶고, 금과 은을 가지고 싶습니다. 그리고 죽은 뒤에는 하늘나라에 태어나고 싶습니다. 좋은 가르침을 베풀어 주십시오."

_『쌍윳따니까야』 제35쌍윳따 '베루드와라의 사람들'(요약)

부처님은 당시 이렇게 쾌락을 구하는 사람들 중에 남의 목숨을 죽이고, 남의 것을 빼앗고, 거짓을 저지르는 사람들이 적지 않은 현실을 보았습니다. 감각적 쾌락에 집착하다 보면 자신의 행동이 다른 사람에게 어떤 영향을 끼치는지 보지 않거나 외면하기 쉽습니다.

"그대들은 죽음보다 삶을 원하고 괴로움보다 즐거움을 원합니다. 그렇다면, 누군가 그대의 목숨을 빼앗는다면 그대는 싫어할 것입니다. 그대가 싫어하는 것은 남에게도 고통입니다. 그러므로 그대가 싫어하는 것을 남에게 행할 수 있는지 스스로 물어 보십시오. 남의 물건을 빼앗거나, 남의 아내를 건드리거나, 거짓말이나 이간질이나 꾸며대는 말 등을 하는 것도 모두 같습니다. 거룩한 제자들은 이렇게 생각합니다."

_『쌍윳따니까야』 제35쌍윳따 '베루드와라의 사람들'(요약)

부처님은 바라문에게 부귀를 추구하는 욕망이나 행동의 사회적 성격에 대해 생각할 것을 깨우칩니다. 특히 여기서 우리의 주목을 끄는 것은 부처님이 화환과 크림과 금과 은을 비판한 것이 아니라, 그것을 얻기 위해 행하는 폭력과 거짓 등 사회적 결과를 말하고 있는 점입니다. 부모님을 잘 섬기지 않거나 남의 것을 빼앗거나 생명을 해치고 나무나 풀 등 자연환경을 훼손하는 것, 거짓말을 일삼거나 호화로운 삶을 탐내는 등 이 모든 고통은 탐욕과 집착에서 일어납니다.

연기법적인 통찰을 통해 원인을 알게 되면, '발생한 것은 모두 소멸한다'는 지견知見이 일어납니다. 그러므로 사성제의 세 번째 진리는 소멸입니다. 소멸(닙빠나 또는 니르바나)은 불이 꺼진 상태를 뜻합니다. 열반은 탐욕이 사라진 마음 상태입니다. 탐욕은 소유를 통해 어떤 존재가 되려는 것이지만, 소멸은 이 모든 자아나 에고가 사라진 상태입니다. 즉, 욕망의 원인과 조건이 사라진 상태이며(un-conditioned), 다시 생겨나지 않는(un-born) 상태입니다. 앞에서 이미 설명했듯, 탐욕이 쉬면 곧 열반이며, 탐욕이 쉴 때 이 세상에 '나의 것'이 없는 무아의 진리를 경험하게 됩니다. 나아가 욕망과 집착이 일어나는 다양한 활동, 즉 물질적인 현상, 즐겁거나 괴로운 느낌, 지각, 형성, 의식 등 이 모든 것들이 '나의 것'도 아니며 그 속에 따로 자아의 존재(아트만이나 영혼) 등이 없다고 관찰하게 됩니다. 따라서 소멸에는 성찰이 함께 일어납니다. 욕망이 사라진 죽은 사람과는 다릅니다.

열반이나 소멸에 대해서 예로부터 여러 오해가 있었습니다. 다음 경전이 그 예를 보여줍니다.

{세존}: "수행승들이여, 어떤 물질과 느낌, 지각, 형성, 의식이라도 과거에 속하든 미래에 속하든 현재에 속하든, 내적이든 외적이든, 멀리 있건 가까이 있건 이 모든 것은 '이것은 나의 것이 아니고, 이것은 내가 아니고, 이것은 나의 자아가 아니다'라고 있는 그대로 올바른 지혜로 관찰해야 한다.
수행승들이여, 잘 배운 고귀한 제자는 이것을 두고 줄여 나가 쌓아 나가지 않는다. 포기하므로 집착하지 않고, 해체하므로 묶지 않는다. 불을 끄므로 연기를 내지 않는다고 한다."
{수행승들}: "인간 가운데 준마시여, 인간의 최승자시여, 님께 귀의하오니, 님께서 사유하신 것에 관해 저희가 곧바로 알기 심히 어렵습니다."

_제22쌍윳따 '희생되는 것에 대한 경'(요약)

이 경은 부처님이 얻은 열반, 즉 소멸이 어떤 것인지 잘 보여줍니다. 욕망은 쌓아 나가는 것이며, 집착하는 것이며, 묶는 것이며, 불을 일으켜 연기를 내는 것이지만, 소멸은 줄여 나가므로 쌓아 나가지 않고, 포기하므로 집착하지 않고, 해체하므로 묶지 않고, 불을 끄므로 연기를 내지 않습니다. 그러나 소멸이 당시 수행자에게 이해하기 어려웠던 것은 수행자들이 수행을 통해 다음 생에 어떤 존재로 태어나기를 기대했기 때문입니다. 이러한 사고는 오늘날 무술이나 기술을 습득하면서 사람들이 기대하는 경향과 같습니다. 무술을 배우면 수련기간과 실력에 따라 급수가 올라갑니다. 5급, 4급, 3급으로 올라가 나중에는 초단, 2단, 3단 등의 자격을 얻습니다. 이런 과정이 경쟁과 승부를 통해 얻어지면, 높은 단계를 얻을수록 자아가 일어나며 오만과 교만이 일어나기 쉽습니다. 그러나 부처님이 말하는 소멸은 이 모든 욕망이 사라진 상태입니다. 그러므로 소멸은 아무것도 하지 말자는 것이 아니라 수행 속에 감추어진 소유의 욕망을 버리는 데 있습니다. 욕망의 성찰을 통해 소유의 욕망을 버리면 내 것이라는 분별도 사라집니다. 불교의 자비는 여기서 출발합니다. 의도가 사라진 사람만이 순수한 자비를 실천할 수 있습니다.

　소멸은 이론과 사변을 통해 얻어지기보다 실천을 통해 얻어집니다. 법구경 1장에는 비록 경전을 많이 외우지 않더라도 탐욕을 소멸한 사람이 참다운 제자라고 말합니다. 문자나 말뜻으로 소멸을 이해하면, 열반을 현실에서 얻을 수 없는 경지로 규정하기 쉽습니다. 몇 겁을 닦아야 얻어진다고 주장하는 것 또한 부처님의 뜻이라고 할 수 없습니다. 제가 보기에 소멸은 욕망을 이해한 소박한 심성에 가깝습니다. 이런 경지를 옛 스님들은 '공부가 든 천진天眞'이라고 표현하기도 했습니다.

부처님의 제자 중 아리타 비구는 자신이 부처님의 가르침을 많이 안다고 자랑하고 다녔습니다. 욕망의 소멸에 이르기보다 자신의 성취를 자랑하고 다닌 것입니다. 그러자 부처님은 이런 사람을 뗏목을 타고 건넜으면서도 계속 뗏목을 짊어지고 다니는 어리석은 사람에 비유했습니다. 그래서 부처님은 깨달음을 얻으면 가르침마저 버려야 한다고 했습니다. 이러한 정신은 중국의 선불교에서도 볼 수 있습니다. 『벽암록』과 쌍벽을 이루는 『종용록』을 지은 원나라 만송행수(萬松行秀, 1166~1246)선사는 참선에 대해 이렇게 말했습니다.

> 참선을 일러 금뇨법(金尿法; 황금과 오줌의 법)이라고 한다. 모를 때는 황금과 같지만, 깨치고 나면 오줌과 같은 것이다.
> _『종용록』 제1권 오대산의 노파(臺山婆子)

열반에 이르기 위해 부처님이 제시한 방도는 팔정도, 즉 여덟 가지 바른 길입니다. 팔정도는 『쌍윳따니까야』 제45쌍윳따 '분별경'과 『맛지마니까야』 '진리에 대한 분석의 경'에 나옵니다.

> 수행승들이여, 괴로움의 소멸로 이끄는 길에 대한 거룩한 진리란 어떠한 것입니까?
> 그것은 여덟 가지의 성스러운 길, 즉 올바른 견해, 올바른 사유,

올바른 언어, 올바른 행위, 올바른 생활, 올바른 노력, 올바른 새김(기억), 올바른 집중인데, 수행승들이여, 이것을 소멸로 이끄는 길에 대한 거룩한 진리라고 합니다.

올바른 견해란 어떠한 것입니까?

괴로움에 대하여 알고, 괴로움의 생성에 대하여 알고, 괴로움의 소멸에 대하여 알고, 괴로움의 소멸에 이르는 길에 대하여 알면, 이것을 올바른 견해라고 합니다.

올바른 사유란 어떠한 것입니까?

욕망을 여읜 사유, 분노를 여읜 사유, 폭력을 여읜 사유를 행하면, 이것을 올바른 사유라고 합니다.

올바른 언어란 어떠한 것입니까?

거짓말을 하지 않고, 이간질을 하지 않고, 욕지거리를 하지 않고, 꾸며대는 말을 하지 않으면, 이것을 올바른 언어라고 합니다.

올바른 행위란 어떠한 것입니까?

살아 있는 생명을 죽이지 않고, 주지 않는 것을 빼앗지 않고, 청정하지 못한 삶을 영위하지 않는다면, 이것을 올바른 행위라고 합니다.

올바른 생활이란 어떠한 것입니까?

이 세상에 거룩한 제자가 잘못된 생활을 버리고 올바른 생활로 생계를 유지한다면, 이것을 올바른 생활이라고 합니다.

올바른 노력이란 어떠한 것입니까?

아직 생겨나지 않은 불건전한 악한 상태들이 생겨나지 않도록 노력하고, 이미 생겨난 악한 불건전한 상태들을 제거하기 위해 노력하고, 아직 일어나지 않은 건전한 상태를 일으키기 위해 노력하고, 이미 생겨난 건전한 상태를 유지하여 잊어버리지 않고 증가시키도록 노력한다면, 이것을 올바른 노력이라고 합니다.

올바른 새김이란 어떠한 것입니까?

과거의 기억을 올바로 새겨 세상의 욕망과 근심을 버리고, 몸에 대하여 몸의 관찰을 행하고, 느낌에 대하여 느낌의 관찰을 행하고, 마음에 대하여 마음의 관찰을 행하고, 법(욕망과 집착에 대한 부처님의 가르침)에 대하여 법의 관찰을 행한다면, 이것을 올바른 새김이라고 합니다.

올바른 집중이란 어떠한 것입니까?

이 세상에 수행승이 감각적인 쾌락의 욕망을 버리고 악하고 불건전한 상태를 떠난 뒤, 사유와 숙고를 갖추고 멀리 여읨에서 생겨나는 희열과 행복을 갖춘 첫 번째 선정을 성취합니다. 이어, 사유와 숙고가 멈추어진 뒤 내적인 평온과 마음의 통일을 이루고, 사유와 숙고를 여의어 삼매에서 생겨나는 희열과 행복을 갖춘 두 번째 선정을 성취합니다. 희열이 사라진 뒤, 평정하고 새김이 있고 올바로 알아차리며, 신체적으로 행복을 느끼며, 고귀한 님들이 평정하고 새김이 있고 행복하다고 표현하는 세 번째 선정을 성취합니다. 그리고 행복과 고통이 버려지고 만족과 불만도 사라진 뒤,

괴로움도 없고 즐거움도 없는 평정하고 새김이 있고 청정한 네 번째 선정을 성취한다면, 이것을 올바른 집중이라고 합니다.
_『맛지마니까야』 '진리에 대한 분석의 경', 전재성 역(요약)

팔정도는 사람이 함께 착하고 평화롭게 사는 합리적인 길입니다. 거기에는 어떤 종교적인 권위나 신비가 없습니다. 특히 팔정도 중 다섯 번째로 나오는 '바른 생활'은 이 시대의 화두입니다. 바른 생활은 위에서 설명하듯, 올바른 생계수단을 가지고 사는 것을 뜻합니다. 그래서 부끄러움을 아는 삶을 뜻하기도 합니다. 아무리 명예가 높더라도 자기를 속이고 남을 속이며 사는 것은 올바른 삶이라고 할 수 없습니다. 미래에 대한 불안을 부추겨 사람들에게서 보시를 받아내는 것 또한 올바른 생활이라고 할 수 없습니다.

팔정도는 서로 좋은 친구가 되는 길입니다. 부처님 스스로 당신이 제자들의 좋은 친구가 되겠다고 말씀했습니다. 팔정도는 견해·언어·생각·행동·생활·선정·새김, 나아가 공동체의 인간관계 등 삶의 전반을 통해 마음을 닦는 길입니다. 부처님이 인간의 다양한 측면을 인정하고 수행의 길을 폭넓게 제시한 것입니다. 요사이 선이나 위빠사나 등 한두 가지 수행에 치중하는 수행풍토에서 한계를 느낀다면, 팔정도 본래의 의미를 다시 새겨보아야 할 것입니다.

아난존자가 좋은 벗을 사귀면 청정한 삶의 반을 이룬 것과 같다고 부처님께 말씀드리자, 부처님은 이렇게 대답합니다.

"세존이시여, 훌륭한 친구와 사귀는 것이야말로 청정한 삶의 절반에 해당합니다."

"아난다여, 그렇게 말하지 말라. 아난다여, 그렇게 말하지 말라. 훌륭한 친구와 사귀는 것이야말로 청정한 삶의 전부에 해당한다. 이렇게 훌륭한 친구와 사귈 때 여덟 가지 성스러운 길을 닦고, 여덟 가지 성스러운 길을 익히게 된다.

아난다여, 나를 훌륭한 친구로 삼아, 태어나야 하는 중생은 태어남에서 해탈하고, 우울·슬픔·고통·불쾌·절망의 상태에 있는 중생은 우울·슬픔·고통·불쾌·절망의 상태에서 해탈한다. 훌륭한 친구와 사귀는 것이 청정한 삶의 전부에 해당하는 데는 이러한 이유가 있다는 것을 알아야 한다."

_『쌍윳따니까야』 제45쌍윳따 '절반'(요약)

사성제와 팔정도는 당시 고행이나 명상을 주장한 다른 사상가들과 확연히 구별되는 불교 고유의 가르침입니다. 특히 부처님은 제자들에게 다른 사상가들이 불교에 대해 질문할 때 이 점을 분명히 할 것을 당부했습니다.

수행승들은 세존께 말했다.
"세존이시여, 이 세상에 이교도의 유행자들이 우리들에게 '벗들이여, 수행자 고따마는 무엇을 위해서 청정한 삶을 사는가?'라고 질문했습니다.

세존이시여, 이와 같은 질문을 받고 저희들은 그들에게 '벗들이여, 세존께서는 괴로움을 완전히 알기 위해 청정한 삶을 산다.'라고 대답했습니다. 세존이시여, 이렇게 설명하면 저희들은 세존께서 말씀하신 것과 똑같이 말한 것입니까? 세존을 거짓으로 비난한 것은 아닙니까?"

"수행승들이여, 진실로 이렇게 설명했다면, 그대들은 내가 말한 것과 똑같이 말한 것이고, 거짓으로 비난한 것이 아니다. 수행승들이여, 나는 괴로움을 완전히 알기 위해 청정한 삶을 살기 때문이다."

"수행승들이여, 이교도의 유행자들이 '그런데 벗이여, 이 괴로움을 완전히 알기 위한 길이 있는가?'라고 묻는다면, 그들에게 '괴로움을 완전히 알기 위한 길이나 방도는 있다.'라고 대답하는 것이 좋다.

수행승들이여, 괴로움을 완전히 알기 위한 길은 어떠한 것이고, 방도는 어떤 것인가?

바로 여덟 가지의 성스러운 길이다. 수행승들이여, 이처럼 질문을 받으면 그들 이교도의 수행자들에게 이와 같이 대답해야 한다."

_『쌍윳따니까야』, 제45쌍윳따 '무엇을 위해의 경', 전재성 역(요약)

{경멸과 모욕을 받으며}

부처님이 깨달음을 얻고 나신 후, 이 진리를 설할 때 사람들이 어떻게 받아들일 것이라고 생각했을까요?

『마하박가』에는 부처님의 마음속 갈등이 이렇게 나타나 있습니다.

"내가 도달한 이 법은 깊고 보기 어렵고 깨닫기 어렵고 고요하고 숭고하다. 단순한 사색에서 벗어나 미묘하고 슬기로운 자만이 알 수 있는 법이다. 그런데 사람들은 집착하기 좋아하여 아예 집착을 즐긴다. 그런 사람들이 '이것이 있으므로 저것이 있다'는 도리와 연기의 도리를 본다는 것은 참으로 어려운 일이다.

또한 모든 행이 고요한 경지, 윤회의 모든 근원이 사라진 경지, 갈애가 다한 경지, 괴로움의 소멸에 이르는 경지, 그리고 열반의 도리를 안다는 것도 어려운 일이다. 내가 비록 법을 설한다 해도 다른 사람들이 이해하지 못한다면 나만 피곤할 뿐이다."

이와 같이 깊이 사색한 세존께서는 진리를 설하지 않기로 하셨다. 그러자 사함파티라는 범천이 세존의 마음을 알고서 이렇게 생각했다.

'아, 세상은 멸망하는구나. 아, 세상은 소멸하고 마는구나.' 이렇게 생각한 범천은 부처님에게 간청했다.

"세존이시여, 법을 설하소서. 때가 덜 묻은 중생들도 있습니다. 그들이 법을 듣는다면 알 수 있을 것이나, 부처님께서 법을 설하지 않는다면 그들조차 쇠퇴할 것입니다."

범천이 이렇게 세 번이나 간청을 했지만, 부처님은 같은 이유로 거절했다. 다시 한 번 더 범천이 간청을 하자, 마침내 부처님은 범천의 청이 지극함을 보시고 중생에 대한 자비심을 일으켜 부처님의 눈으로 세상을 내려다 보셨다. 그리고 참으로 여러 중생이 있음을 아셨다. 때가 덜 묻은 중생, 때가 많이 묻은 중생, 감관이 날카로운 중생, 감관이 무딘 중생, 자질이 좋은 중생, 자질이 나쁜 중생, 가르치기 쉬운 중생, 가르치기 어려운 중생을 보셨다. 아울러 저 세상에서의 두려움을 의식하며 지내는 중생이 있는가 하면, 저 세상에서의 두려움을 의식하지 않고 지내는 중생도 있음을 보셨다.

그리하여 세존께서는 범천에게 게송으로 말씀하셨다.

"귀 있는 자들에게
불사不死의 문을 열겠으니
죽은 자에 대한 근거 없는 제사는 그만두어라.
범천아,

나는 단지 피로할 뿐이라고 생각했기에
삶들에게 덕스럽고 숭고한 법을 설하지 않았던 것이다."

범천은 세존이 설법을 허락하셨음을 알고는 공손히 절하고 사라
졌다.

_『마하박가』 제1편 '범천의 청', 최봉수 역(요약)

(『증일아함경』 제10권 제19 권청품에도 비슷한 법문이 실려 있습니다.)

이와 같이 부처님은 깨달음을 얻고 난 후 스스로 내적인 갈등을 겪었습니다. 그러나 곧 이 세상에는 부처님의 법문을 들으면 그래도 해탈할 수 있는 사람이 있을 수 있다는 작은 가능성을 믿고 설법에 나섰습니다. 부처님이 설법을 결심하는 과정은 우리에게 중요한 화두를 던집니다.

사람은 과연 바뀔 수 있을까요? 부처님의 가르침을 배우면 욕망을 버릴 수 있다는 가능성을 우리가 과연 믿고 받아들일 수 있을까요?

제 주위 나이든 사람들과 이야기하다 보면, 사람이 변화되기가 쉽다고 생각하는 사람이 매우 적습니다. 사실 우리 마음속을 비추다 보면 사람은 결국 변화될 수 없다는 체념이 자리 잡고 있는 것을 봅니다.

최근 돌아가신 K 선생은 독실한 종교인이자 시인입니다. 그분은 만년에 쓴 시에서 나이가 들어서도 여자에 대해 성욕을 느낀 사실을

스스로 고백했습니다. 선생은 자신의 체험을 통해 인간은 영원히 바뀔 수 없는 존재라고 결론을 내리고, 불완전한 인간은 결국 신에게 의존할 수밖에 없다고 말했습니다. 불자로서 이 시인의 말을 그대로 다 받아들일 수는 없지만, 인간이 바뀐다는 것이 얼마나 어려운가를 절실하게 보여주고 있습니다. 사람이 바뀌기 어려운 것은 그 사람의 생각이 바뀌기 어렵기 때문입니다.

저는 '범천의 청'의 경을 읽을 때마다 부처님의 깊은 자비심을 느낍니다. 부처님 스스로 욕망을 깨닫고 버리는 삶이 얼마나 어려운지 이미 짐작하고 계셨던 것입니다. 사람들이 집착을 즐긴다는 사실을 익히 알기 때문입니다. 그래서 처음부터 사람들에게 설법하는 것을 망설였습니다. 비록 경전에서는 범천(하늘 신)의 설득으로 진리를 전하러 다니겠다고 결심을 했지만, 제가 보기에는 부처님 스스로 질문하고 스스로 대답하신 고뇌와 사색의 과정이었다고 생각합니다.

부처님은 고통 받는 사람들에 대한 연민으로 설법을 결심했으며, 사람들이 욕망을 버리고 살 가능성이 아주 적다고 하더라도 그 작은 가능성을 위해 설법을 결심했습니다. 부처님은 노환으로 열반에 드는 순간까지 한 사람이라도 설법을 청하면 주위에서 반대하더라도 그 청을 받아들였습니다. 부처님의 자비는 오랜 세월 많은 중생들에게 어둠 속의 빛이 되었지만, 그 길은 이처럼 오랜 망설임을 통해 얻어진 어려운 결단이었습니다.

대승경전에서는 특히 부처님의 자비를 강조합니다. 부처님의 자비는 중생에 대한 연민에서 나옵니다. 다음은 『화엄경』 보현보살행원품 중 '공덕을 따라 기뻐하는 품〔隨喜功德品〕'에 나오는 법문입니다.

모든 부처님께서는 크게 슬퍼하는 마음을 바탕으로 삼으셨다.
그러므로 중생으로 인하여 큰 슬픔을 일으켰다.
큰 슬픔으로 인하여 깨달음을 얻겠다는 마음을 냈다. 깨달음을 얻겠다는 마음으로 인하여 위없는 바른 깨달음을 얻으셨다.
깨달음은 중생에게 속해 있는 것이니, 만약 중생이 없다면, 모든 보살들이 끝끝내 위없는 바른 깨달음을 얻을 수 없다.

대비심大悲心은 뭇 생명의 고통을 보고 일으키는 깊은 연민입니다. 보현보살은 "모든 부처님들이 깨달음을 얻은 것은 그 앞에 중생의 고통에 대해 크게 슬퍼하는 마음이 있었기에 가능했다."고 말씀합니다. 『화엄경』의 가르침대로 자신이 생각하는 수행에 과연 중생에 대한 연민이 있는지 물어야 할 때입니다.

깨달음을 전하는 과정이 쉬운 일이었으면 부처님께서 이렇게 여러 번 망설이지 않았을 것입니다. 그러나 나중에 부처님이 전도를 한 과정을 보면 실지로 부처님의 걱정이 근거 없는 것이 아님을 알 수 있습니다. 부처님은 처음 깨달음을 얻고서 우선 두 스승

알라라 깔라마와 웃다까 라마뿟따를 찾아가 자신의 깨달음을 전하려고 했습니다. 그러나 이 두 사람은 이미 세상을 떠난 뒤였습니다. 그래서 부처님은 고행을 할 때 늘 보살펴주고 도움을 주었던 다섯 비구(이때 비구는 얻어먹는 수행자라는 뜻입니다)에게 법을 설하려고 이들이 있는 바라나시 근처의 녹야원을 찾아갑니다. 가는 길에 부처님은 우파카라는 수행자를 만났습니다. 깨달음을 얻은 부처님의 모습을 처음 본 사람이 우파카입니다. 우파카는 당시 세력을 떨치던 한 교파(아지바카)의 수행자였습니다. 우파카는 부처님을 보자 얼굴빛이 예사롭지 않은 것을 보고 물었습니다.

"그대의 감관은 매우 깨끗하고 모습은 아주 맑습니다. 그대는 누구를 모시고 있으며, 그대의 스승은 누구입니까? 또 그대는 누구의 법을 따르고 있습니까?"
세존께서 게송으로 말씀하셨다.

"나는 모든 것을 이겼고,
모든 것을 알았고,
모든 것에 더럽혀지지 않았고,
모든 것을 버렸다. 갈애가 다한 해탈을 얻었다.
스스로 깨달았으니 누구를 따르겠는가? 나에게는 스승이 없다.
나는 홀로 모든 것을 깨달아 고요한 경지에 이르렀고 열반을 얻었다.
법륜을 굴리기 위해 나는 카시로 간다.
어두운 이 세상에 불사不死의 북을 울리기 위해."

6년의 수행 끝에 깨달음을 얻은 35살의 수행자 싯다르타는 위와 같이 노래했습니다. 그러나 우파카는 이 말을 받아들이지 않았습니다.

"그대의 주장대로라면, 그대는 무한의 승리자일 수밖에 없군요."
그러자 세존께서 다시 게송으로 말씀하셨다.

"나와 같은 자가 있다면
그들은 참으로 승리자이다.
번뇌를 쳐부수어 승리했기 때문이다.
우파카여, 모든 그릇된 법을 나는 부수었으니,
진실로 나는 승리자이다."

그러자 우파카가 말했다.
"그럴 수도 있겠군요."
그는 머리를 가로 저으면서 다른 길로 가버렸다.
  _『마하박가』 제1편 '다섯 제자', 최봉수 역(요약),

부처님은 자신의 승리가 번뇌를 이긴 자의 승리라고 말씀했습니다. 다시 말해 스승 없이 나 홀로 깨달았다고 해서 자신만 알 수 있는 깨달음이 아니라, 누구나 번뇌를 이기면 얻을 수 있는 보편적인 진리임을 밝힌 것입니다. 그리고 제사를 지내거나 고행의 길을 버리고 깨달았기 때문에 그릇된 법을 부순 승리자라고 밝혔습니다. 그러나 우파카는 부처님을 조롱하며 다른 길로 가버렸습니다.

이윽고 녹야원에 도착한 부처님은 다섯 수행자들에게서 우파카와 같은 의심을 받았고, 게다가 하찮은 대접을 받았습니다. 다섯 수행자들은 세 번이나 부처님의 가르침을 거부했습니다. 『중아함경』 라마경에 그때의 상황이 잘 나타나 있습니다. 부처님이 다섯 고행자를 찾아가자 그들은 서로 이렇게 말했습니다.

"여러분, 우리는 마땅히 알아야 한다. 저 사문 고따마가 온다. 그는 욕심이 많고 구하는 것이 많다. 맛있는 음식과 좋은 쌀밥, 보릿가루·우유죽·꿀을 먹고, 삼씨기름을 몸에 바른다. 지금 그가 다시 오고 있으나, 우리들은 아예 일어나 맞이하지도 말고, 또한 예도 올리지 말며, 미리 자리를 준비하여 앉기를 청하지도 말자. 그리고 그가 오거든 그대가 앉고 싶다면 마음대로 하라고 말하자."

그들은 부처님에게 말했다.

"그대 고따마여, 그대는 이전에 그러한 행과 그러한 도의 자취와 그러한 고행을 하고서도 사람의 법을 벗어난 지극히 거룩한 앎과 소견에 들어갈 수 없었다. 하물며 욕심이 많고 구하는 것이 많아 맛있는 음식과 좋은 쌀밥, 보릿가루·우유죽·꿀을 먹으며 삼씨기름을 몸에 바르는 오늘에 있어서이겠는가?"

_『중아함경』제56권 '라마경', 동국역경원

다섯 수행자들은 고행을 포기한 부처님을 타락한 수행자 취급을 했습니다. 위 경전에 나오는 그들의 비판을 읽어보면, 그 표현이 실로 신랄하기 그지없습니다. 부처님의 성과 이름을 함부로 부를 뿐 아니라, 특히 부처님이 밥을 얻어먹은 사실을 두고 온갖 욕을 다하고 있습니다. 단식과 절식을 하던 고행자들의 입장과 관심을 그대로 반영하고 있습니다. 다른 경전에 보면 고행자들은 부처님을 '생각이 어지럽고 마음이 순수하지 못한'(증일아함경 고당품) 수행자로 비난했습니다. 그들은 고행을 해서 깨달음을 얻지 못했으면 더욱 더 심한 고행에 매달려야한다고 생각했습니다. 이런 비판은 단순히 다섯 고행자의 생각이라기보다 당시 고행을 닦는 수행자들의 일반적인 평가로 볼 수 있지 않을까?

부처님이 자신을 경멸하는 다섯 고행자에게 맨 먼저 하신 말씀이 중도中道입니다. 중도의 중中은 바라문들이 주장하는 제사와 이에 반발하여 고행을 최고의 수행으로 여기는 이 두 집단을 양 극단으로 비판하고, 이쪽 끝도 저쪽 끝도 아닌 제3의 길이라는 뜻입니다. 고행과 제사를 적당히 섞어 타협한 중도가 아닙니다. 따라서 중도는 역사적인 상황에서 이해되어야 합니다. 중中을 중용의 중이라거나 화합의 중도라거나 올바르다는 뜻으로 해석해서는 동어반복이나 논리적 혼란에서 벗어나기 어렵습니다. 부처님이 고행에서 벗어난 과정에서 보았듯이, 불교의 선정은 부처님이 출가하기 전 나무 밑에서 고요함을 느낀 경험에서 출발합니다. 이처럼 불교의 수행은 쾌락을 추구하는 바라문들이나 신체에 고통을 가하는 고행과는 달리 기쁨과 평정이 있는 수행입니다. 중도는 당시로서는 고행과 제사의 권위를 부정하는 가르침이라고 볼 수 있습니다.

그렇다면 부처님이 주장한 중도를 당시 세상 사람들이 어떻게 받아들였을까요?

오늘날 정치계에 중도를 주장하는 사람들이 많습니다. 중도를 주장하는 사람은 상대방을 극단적이라고 전제하고 있습니다. 상대방이 자신을 극단적이라고 받아들이면 문제가 없겠지만, 그렇지 않으면 중도는 상대방에게 매우 도전적인 주장입니다. 마찬가지로 중도를 주장하는 부처님은 제사를 지내는 바라문 사제나 고행주의자를 이미 극단적인 삶이라고 전제하고 있습니다. 바라문 사제나 고행자들이 부처님의 가르침을 받아들이면 별 문제이겠지만, 고행이나 제사가 옳다고 믿는 입장에서 본다면 부처님의 중도는 자신들에게 논쟁적이고 도전적인 주장입니다. 오늘 우리 입장에서 볼 때는 중도의 가르침이 합리적이고 온화한 주장으로 보이지만, 부처님 당시 중도는 현실에서는 매우 도전적이고 논쟁을 일으키는 주장이었을 가능성에 주목해야 합니다.

한편, 당시 바라문들은 욕을 하고 심지어 걸식을 하고 있는 부처님께 흙을 뿌리기도 했습니다. 이런 상황을 보여주는 대표적인 경전이 건매경입니다.

> 어느 때 부처님께서 사위국 동쪽 동산에 있는 녹자모 강당에 계셨다. 세존께서 이른 아침에 가사를 입고 발우를 가지고 사위성에 들어가 걸식하고 계셨다. 그때 남 꾸짖기를 좋아하는 바라두바차 바라문이 멀리서 세존을 보고는 추악하고 좋지 못한 말로 욕하고 꾸짖으며, 흙을 쥐어 부처님께 끼었었다.
>
> ―『잡아함경』 제42권 '건매경(욕하고 꾸짖는 경) 발췌

고행자나 바라문 모두 새로운 사상을 전하는 부처님을 강하게 거부했던 것입니다.

다음에는 부처님을 만난 사람들을 통해 부처님의 모습과 가르침을 살펴보겠습니다.

5. 부처님을 기억하는 사람들

{ 수행 }

출가는 집에서 집 없는 곳으로 가는 결단입니다. 그리고 평생 죽을 때까지 얻어먹으며 집 없이 살며 독신을 지켜야 합니다. 그러므로 재가자들은 출가자들을 보호했습니다. 출가자들이 스스로 해탈을 얻기 위해 수행하고, 또 한편 부처님의 가르침을 널리 전해주는 일을 맡았기 때문입니다. 이들 출가자들이야말로 삶의 빛이요, 세속의 모범이었던 것입니다. 그러나 이런 수행과정은 결코 쉬운 일이 아니었습니다. 부처님이 가르침을 펴기 시작한 때의 초기 제자들은 바라문이나 다른 종교 수행자들에게 많은 조롱과 배척을 당했습니다. 아직 신도들이 많지 않았던 때인지라 밥을 얻어먹기도 쉽지 않았습니다. 여러 명이 모여 지낼 때에도 나무 밑에서 잤습니다. 비가 오면 그냥 맞거나 갈대로 엮은 지붕을 만들어 비를 피했습니다. 초기 형태의 정사는 이렇게 작은 규모였으며, 겨우 비를 피하는 정도였습니다. 그래서 부처님은 출가한 제자들에게 이렇게 당부를 했습니다.

"외딴 곳에 눕는 불편함을 참아라.

다음 네 가지 걱정거리를 이겨내야 한다.
즉, '나는 무엇을 먹을까?', '나는 어디서 먹을까?'
'어젯밤 나는 잠을 못 잤다', '오늘 나는 어디서 잘 것인가?'
집을 버리고 진리를 배우는 사람은, 이러한 걱정을 쫓아버려라."
_『숫타니파타』 제4장 '싸리붓따'품

당시 다른 종교의 수행자 중에는 노숙의 고통을 덜기 위해 거짓말과 헛된 예언을 하는 자도 있었습니다. 그들은 이상한 주문을 만들어 내거나 사람들에게 미래의 재앙을 예언하며 위협을 하기도 했습니다. 물론 그 수행자가 요구하는 대로 재물을 바치면 나름대로 저주를 풀어주거나 축복을 해주었습니다. 부처님은 제자들이 이런 길을 걷지 않도록 점을 치거나 도둑질을 하거나 남녀간의 중매를 서는 것을 금했습니다. 이런 일은 당시 종교가들이 재물을 모으는 방법이었습니다.

수행자들도 얻어먹으며 다녔기 때문에 세속적인 관심과 유혹에서 자유롭기가 어려웠습니다. 특히 당시는 전쟁이 심했던 시기라, 수행자들이 모이면 세상 돌아가는 이야기를 많이 나누었습니다.

다음 경전은 그 한 예를 보여줍니다.

어느 때 부처님께서 왕사성의 가란다 죽원에 계셨다. 이때 많은 비구들이 식당에 모여 왕에 관한 일이나 도적에 관한 일·전쟁에 관한 일·재물에 관한 일·의복에 관한 일·음식에 관한 일·남녀에 관한 일·세간의 언어에 관한 일·사업에 관한 일·모든 바다 속에 관한 일 등 이런 것들에 대해 논의하였다.

그때 세존께서는 선정에 들어 계시다가 비구들이 논의하는 소리를 들었습니다. 그래서 식당에 가셔서 비구들에게 무슨 이야기를 나누고 있느냐고 물었습니다.

"세존이시여, 저희들은 여기 모여 왕에 관한 일이나 도적에 관한 일·전쟁에 관한 일·재물에 관한 일·의복에 관한 일·음식에 관한 일·남녀에 관한 일·세간의 언어에 관한 일·사업에 관한 일·모든 바다 속에 관한 일 등 이런 것들에 대해 논의했습니다."
부처님께서 비구들에게 말씀하셨다.
"너희들은 그런 논의를 하지 말아라. 왕에 관한 논의나 기타 여러 논의는 이치에 도움이 되지 않고, 법에 도움이 되지 않으며, 청정한 행에 도움이 되지 않고, 바른 지혜·바른 깨달음이 아니며, 열반으로 향하지 않기 때문이다. 만일 논의하고자 한다면 마땅히 다음과 같이 논의하라.
'이것은 괴로움에 대한 진리다. 이것은 괴로움의 발생에 대한 진리다. 이것은 괴로움의 소멸에 대한 진리다. 이것은 괴로움의 소멸에 이르는 길에 대한 진리다.'

왜냐하면, 이 네 가지 성스러운 진리는 이치에 도움이 되고, 법에 도움이 되며, 청정한 행에 도움이 되고, 바른 지혜·바른 깨달음이며, 바르게 열반으로 향하기 때문이다."

_『잡아함경』 제16권 '논설경', 동국역경원

여럿이 모여 세상 돌아가는 이야기를 하면 누구나 시간가는 줄 모를 정도로 재미를 느낍니다. 부처님의 제자들 또한 왕에 관한 일이나 도적에 관한 일·전쟁에 관한 일·재물에 관한 일 등 당시 세상에서 벌어지는 이야기를 하며 시간을 보냈습니다. 이 경전은 그런 상황에서 부처님이 어떻게 했는지 보여줍니다.

세상에는 늘 사건이 일어나며 사람들에게는 호기심이 일어납니다. 출가자에게도 세상 돌아가는 일은 수행을 방해하는 큰 유혹입니다. 바깥일에 마음을 빼앗기면, 인간의 고통과 원인을 사유하기 어렵습니다. 그러므로 끊임없는 자기정화가 없으면, 수행자의 집단은 늘 세속화될 위험이 있습니다. 부처님이 제자들에게 사성제에 대해 서로 토의할 것을 강조한 것도 이런 이유라고 볼 수 있습니다.

사성제 중 첫째 진리인 고통에 대해 토의한다는 것은 오늘을 사는 불자에게 어떤 의미가 있을까요? 고통에 대해서는 이미 교리적으로 설명되어 있습니다. 사랑하는 이와 헤어지거나 만나기 싫은 사람을 만나는 고통, 오관의 욕망이 심해서 일어나는 고통 등이 그것입니다. 그러나 만약 지금 우리가 고통에 대해 이렇게 교리적으로 토론한다면, 금방 한계에 봉착하게 됩니다. 고통에 대한 인식이 깊어지지 않고 동어반복에 그치기 쉽습니다. 고통에 대한 인식이 지극히 도식적이고 현실감이 없기 때문입니다.

지금 우리가 사는 세상은 부처님이 살던 2,500여 년 전과 다릅니다. 계층간 빈부 차이가 커짐에 따라 일어나는 기회의 불평등, 고용의 불안과 비정규직의 양산, 사회적 일치감의 상실과 서로에 대한 무관심, 환경의 무분별한 개발과 오염, 자본자유화에 따른 투기자본의 매점매석 등 실로 다양한 문제가 인류의 삶을 고통으로 몰아넣고 있습니다. 최근 밀가루 값이 뛴다는 소문에 라면을 사재기하는 사람들이 생기고 있습니다. 자기부터 살겠다는 인식이 그 동기입니다.

이 모든 갈등은 인간이 없이는 일어날 수 없는 문제입니다. 사회의 모든 갈등과 모순에는 인간의 사고와 가치관이 반영되어 있습니다. 이 사고와 가치관은 바로 지금 우리 마음속에 자리잡고 있습니다. 그러므로 부처님의 가르침을 거울삼아 궁극적으로 실천해야 하는 수행은 현실을 반영하고 아울러 현실에 영향을 끼치는 우리 마음을 총체적으로 성찰하는 일입니다. 욕망과 집착의 말뜻을 가지고 마음을 해석하는 것이 아니라, 욕망과 집착의 실체와 조건을 탐구하는 것입니다. 이웃의 삶을 외면하면서 경전에 나오는 번뇌의 뜻을 헤아린다면, 살아 있는 인간의 고통을 이해할 수는 없습니다.

{아들을 잃은 여인}

"아들의 죽음으로 슬픔에 빠지고, 마음이 혼란하여, 알몸으로 머리를 산발한 채, 나는 여기저기를 떠돌아 다녔습니다.
쓰레기더미와 공동묘지, 그리고 큰 길에서 3년 동안 굶주림과 갈증으로 떠돌아 다녔습니다.
길들여지지 않은 사람을 길들이는 사람, 깨달은 분, 아무 두려움도 없는 훌륭한 나그네(부처님)께서 미틸라 시에 오신 것을 보았습니다.
마음을 다시 다잡고 그분에게 예배를 올리고는, 저는 자리에 앉았습니다. 자비로움을 베푸시며 고따마께서는 저에게 진리를 가르쳐 주셨습니다.
진리를 듣고서 저는 집 없는 삶으로 나아갔습니다. 스승님의 가르침대로 내 자신을 닦아서, 나는 행복한 경지를 실현했습니다. 모든 슬픔은 끊어지고 사라져, 이로써 끝냈습니다. 나는 슬픔이 일어나는 뿌리를 이해했기 때문입니다."

_『테리가타』, 여섯 구절 시구, 박용길 역 참조

바라문 종족의 여인 바싯티는 아들을 잃고 3년 동안이나 산발한 채 알몸으로 여기저기 떠돌아 다녔습니다. 사람들이 미친 사람 취급을 하였기 때문에 공동묘지나 쓰레기더미에서 지내야 했고, 굶주림과 추위와 갈증의 고통 속에서 나날을 지내야 했습니다. 부처님은 이런 모습을 한 여인을 승단에 받아들였습니다.

성인이나 훌륭한 사람들의 언행을 들으면 누구나 고개를 끄덕이기 쉽지만, 실제 현실을 보면 이런 일이 결코 쉬운 일이 아닙니다. 근대 우리나라의 선禪을 부흥한 경허선사는 나병을 앓고 있는 여인을 절에 데려다 함께 지냈습니다. 그러나 얼마 되지 않아 결국 그 나환자는 대중들의 항의로 절에서 떠나야 했습니다.

산발한 채 알몸으로 돌아다니던 이 여인은 부처님을 만나 슬픔에서 벗어나는 길을 얻었다고 노래합니다. 그 옛날 배움이 없는 한 여인이 깨달음을 얻었다고 말하는 것을 볼 때 우리는 경외감을 느끼게 됩니다. 깨달음을 얻으려면 어려운 경전을 읽거나 몇 십 년씩 수행을 해야 한다고 생각하기 때문입니다. 그래서 이 비구니의 고백은 우리를 놀라게 합니다.

부처님의 가르침은 관념적인 것이 아니라 이토록 살아서 숨 쉬는 것이며, 슬픔에 빠진 사람을 슬픔에서 일어나게 만드는 생명의 가르침입니다. 어렵고 복잡한 것이 아니라, 고통을 느껴본 사람이면 누구나 그 자리에서 공감하고 깨달을 수 있는 진리입니다. 위 경전에 나오는 바싯티 비구니의 깨달음이 이 사실을 웅변하고 있습니다.

지난 2007년 4월 미국 버지니아공대에서 한 한국계 젊은이가 많은 사람을 쏘아 죽이는 참사가 일어났습니다. 살해된 사람의 수가 32명이나 되었으며, 그 젊은이는 스스로 자살했습니다. 그 젊은이는 이른바 쾌락에 빠져 있는 부유층을 증오했으며, 자신을 괴롭힌 사람들을 저주했습니다. 그 젊은이는 평소 다른 사람이 말이 분명치 않거나 유색인종이라고 놀려도 겉으로 표정을 드러내지 않았다고 합니다. 증오의 원인이 어디에 있든, 졸지에 자식을 잃은 슬픈 심정은 희생자의 가족뿐만 아니라 가해자의 부모에게도 같습니다. 이들 유족들이 바싯티 비구니와 같이 슬픔의 뿌리를 끊는 것이 가능할까요?

슬픔이 일어나는 뿌리를 이해하여 슬픔을 끊었다는 바싯티 비구니의 말은, 부처님의 가르침이 행복을 얻는 것이며 그 길은 인간의 욕망과 집착을 깊이 성찰하는 데 있음을 우리에게 알려주고 있습니다. 이 외에도 부처님은 자식을 잃고 방황하는 사람들을 제자로 받아들였습니다. 다음은 딸을 잃고 화장터를 방황하다 부처님을 만난 한 여인의 이야기입니다. 그녀는 출가하여 웃비리 비구니가 되었습니다.

부처님이 말씀하셨다.
"지바의 어머니여, 그대는 '지바야!'라고 외치며 숲 속에서 울고 있구나. 웃비리여, 그대 자신을 알라. 똑같이 지바라는 이름을 가진 8만4천이나 되는 딸들이 이 화장터의 불 속에서 화장되었건만, 그 중에 누구를 그대는 서러워하고 있는가?"
웃비리가 부처님에게 말씀드렸다.
"참으로 부처님은 제 가슴 깊이 박혀, 잘 보이지 않는 화살을 뽑아 주셨습니다. 딸 때문에 슬픔에 잠겨 있는 저에게 슬픔을 없애 주셨습니다. 지금 저는 화살을 뽑아냈습니다. 저는 굶주림(갈애)에서 벗어나 평안을 얻었습니다. 저는 부처님과 법과 승단에 귀의합니다."

_『테리가타(장로니게경)』, 세 구절 시구

웃비리는 화장터에서 수많은 죽음을 보면서도 자기 딸 지바만을 생각하고 있었습니다. 이 여인에게 부처님은 그대 자신을 알라고 말했습니다. 삶과 죽음은 누구나 맞는 것이며, 그 속에 내가 없다고 말하는 부처님의 가르침을 듣고 지바의 어머니는 깨달음을 얻었습니다. 부처님의 자비는 이처럼 슬픔에 잠겨 있는 사람들을 깨달음으로 이끄는 데 있음을 알 수 있습니다.

{청소부}

수니타 비구는 출가하기 전에는 청소 일을 하는 천한 사람이었습니다. 아래 경전을 읽으면 부처님이 남에게 업신여김을 받는 사람을 어떻게 대했는지 마치 그림을 보듯 선명하게 그릴 수 있습니다.

나는 천한 가문에서 태어나, 가난해 먹을 것이 부족했습니다. 내가 하는 일은 천하여 시든 꽃을 청소하는 일이었습니다. 사람들에게 천대받고, 업신여김을 받으며, 내 마음을 낮추어서, 나는 많은 사람들에게 예배를 했습니다.
그때 나는 수행자의 모임(승단)이 존경하는 분이며, 위대한 영웅이시며, 깨달으신 분께서 마가다의 큰 도시에 오시는 것을 보았습니다. 나는 꽃을 지는 막대기를 버리고 그분에게 다가가 예배를 올렸습니다. 나에 대한 연민으로, 사람 가운데 가장 위대한 그분은 고요히 멈추어 서셨습니다.
스승님의 발에 예배하고는 한쪽 편에 서서, 나는 모든 이 가운데 가장 높으신 분께 저의 출가를 간청했습니다. 온 세상에 동정심이 깊으시고, 자비심 많은 스승께서 저에게 '오라, 비구여'라고 말씀하셨습니다. 이렇게 저는 출가했던 것입니다.

승리자께서 저에게 타이르신 그대로, 나는 숲 속에서 홀로 지내며 열심히 정진하여, 부처님의 가르침을 실천했습니다.

초저녁에 나는 나의 여러 전생들을 보았습니다. 한밤중에 나는 하늘 눈이 깨끗해졌습니다. 밤의 마지막에 모든 어둠(무명) 덩어리를 부수어 없앴습니다.

_『테라가타(장로게경)』열 두절 시구(요약), 박용길 역 참조

수니타 비구는 출가 전에 천한 가문에서 태어난 사람입니다. 가난해 먹을 것이 부족했고, 그가 하는 일은 시든 꽃을 청소하는 일이었습니다. 어느 날 큰 길에서 청소를 하다 부처님을 보았습니다. 이 청소부는 시든 꽃을 어깨에 지는 막대기를 버리고 부처님 앞에 다가가 예배를 올렸습니다. 읽다 보면, 마치 영화의 한 장면 같습니다. 그 당시 천한 사람에게도 부처님은 빛과 같은 존재였으며, 자비의 화신이었던 것을 이 경전은 보여줍니다.

부처님은 계급에 관계없이 누구나 깨달음을 얻을 수 있다고 말씀했습니다. 사실 계급과 피부색에 관계없이 누구나 평등하게 생각할 수 있다는 사상은 근대에 와서야 받아들여졌습니다. 미국도 건국 초기 노예제가 인정된 시절, 많은 백인들이 흑인들은 영혼이 없기 때문에 성서를 읽어도 구원받을 수 없다고 생각했습니다. 부처님은 혈통의 가치를 주장하는 한 바라문에게 다음 게송을 읊었

습니다.

많은 격언을 암송하더라도
안에는 쓰레기로 더럽혀지고
위선으로 둘러싸여 있으면
가문이 좋다고 성직자가 될 수 없네.

귀족과 사제와 평민의 계급이나
노예와 천민의 계급 누구나
열심히 노력하고 마음을 모으며
항상 견고하게 정진하면
위없는 청정을 성취하네.
오, 바라문이여 그대는 알아야 하리.

_『쌍윳따니까야』 제7쌍윳따 '쑨디까의 경'

초기 경전에는 부처님이 깨달음을 얻었을 때, 세 가지 밝은 지혜〔明知〕를 얻었다고 표현합니다. 즉, "초저녁에 나는 나의 여러 전생들을 보았다. 한밤중에 나는 하늘 눈(착한 행동과 악한 행동이 어떤 결과를 가져오는지 알게 되는 눈)이 깨끗해졌다. 밤의 마지막에 모든 어둠(무명) 덩어리를 부수어 없앴다."라고 합니다.

장로게경에 나오는 수니타 비구의 말은 부처님께서 스스로 자신이 깨달음을 얻어 가는 과정을 설명하실 때 쓰는 표현과 같습니다. 누구나 깨달으면 부처님과 같은 지혜를 얻었던 것입니다. 부처님 스스로 누구나 깨치면 당신과 같은 눈을 얻게 된다고 제자들에게 가르쳤기 때문입니다.

부처님은 선정에 들어 처음에 숙명통, 한밤에 천안통, 새벽녘에 누진통을 얻음으로써 깨달음을 얻었다고 초기 경전은 전합니다. 이 세 가지 명지를 얻는 순서를 보면, 부처님의 사색이 어떤 방향으로 나아갔는지 잘 알 수 있습니다.

먼저, 현재의 혼란과 고통을 과거 여러 생을 통해 행한 행위를 중심으로 관찰합니다. 자신이 과거에 저지른 수많은 고통의 인과를 이해하여 그 고통을 절감하게 됩니다. (숙명통)

그 다음, 현재의 행위로 나타나는 결과를 관찰하고 이해하는 눈을 갖게 됩니다. 즉, 행위에 의해 일어나는 결과(因果)를 이해하게 됩니다. (천안통)

최후로 살생·폭력·거짓·향락 등 고통의 원인을 인간의 욕망에서 봅니다. 즉, 고통을 가져오는 행위의 뿌리를 욕망과 집착에서 보게 된 것입니다. 여기에 이르러 고통과 고통의 원인을 이해하고, 욕망과 집착의 소멸을 깨닫게 됩니다. (누진통)

이러한 사색의 순서는 부처님의 깨달음이 무엇인지, 또 깨달음에 이르는 사색과 성찰이 무엇인지 우리에게 알려줍니다. 이 경 마지막에는 대중들이 합창을 하는 구절이 나오는데, 다음과 같습니다.

"욕망을 줄임, 청정한 8정도를 지키는 생활, 자기를 억제함과 감관을 다스림,
이로써 사람은 바라문이 된다. 이것이 바라문이 되는 최고의 상태이다."

이 시는 불교의 깨달음이 어디에 있는지 명확하게 보여줍니다.

{세 가지 굴레에서 벗어난 여인}

"나는 잘 벗어났습니다.
내가 올바르게 해탈한 것은 세 가지 삐뚤어진 것 때문에 얻어진 것입니다.
그것은 절구통과 절굿공이와 그리고 나의 포악한 남편에 의해서입니다.
나는 삶과 죽음으로부터도 벗어났습니다.
다음 생으로 이끄는 것은 모두 그 뿌리가 뽑혔습니다."

_『테리가타』 한 구절 시구, 박용길 역

장로게경은 부처님의 제자 중 남자 수행자인 비구의 말씀을 기록한 것이며, 장로니게경은 여성 수행자인 비구니의 말씀을 기록한 경전입니다. 특히 부처님의 여성제자인 비구니가 남겨 놓은 장로니게경을 보면 당시 여성으로서, 또 여성 수행자가 살면서 당하는 많은 고통과 수행의 기쁨이 진솔하게 기록되어 있습니다.

뭇타 비구니는 출가 전에 여성으로서 많은 고통을 겪은 분입니다. '절구통과 절굿공이와 그리고 포악한 남편'이라는 표현이 지금도 읽는 이에게 절절하게 다가옵니다. 부처님을 만나 출가한 뭇타 비구니는 그러한 고통에서 벗어나 이제는 해탈의 기쁨을 노래하고 있습니다.

여성도 인간으로서 성찰할 수 있고 해탈할 수 있다고 생각한 부처님은 완고한 비구들의 반대에도 불구하고, 여성의 출가를 받아 주었습니다. 경전은 부처님을 따르는 재가 신도 중에도 훌륭한 여성이 많았다고 알려줍니다.

지금으로부터 2,500여 년 전, 특히 여성의 인격이 존중받지 못했던 시대에, 여성으로서 감수해야 하는 사회적 차별은 근세의 역사를 볼 때 상상하기 어렵지 않습니다. 때로는 출가 승단에도 비구가 비구니보다 우월한 세속적 관행이 문제가 되었다고 기록은 전합니다. 평등한 교단에 출가했다고 해서 모든 생각이 하루아침에 바뀌는 것은 아니기 때문입니다.

율장에 보면 이런 이야기가 있습니다. 어느 날 부처님은 비구니의 손이 물감으로 더럽게 물들어 있는 것을 보십니다. 그것이 비구의 옷을 염색하느라 손이 더러워지게 된 것을 아시고는, 부처님은 비구라는 이유만으로 비구니에게 옷 염색을 시켜서는 안 된다는 계율을 정했습니다.

{수제자 싸리뿟따의 고백}

싸리뿟따(사리불)는 부처님의 수제자입니다. 그런 분은 부처님을 어떻게 이해했을까요?

다음은 부처님의 가르침을 가장 잘 이해했다고 알려진 싸리뿟따 존자의 고백입니다.

"결가부좌로 앉아 있는 동안 무릎까지 비가 들이치더라도 수행에만 전념하는 사람은 그것만으로도 능히 안락하게 지낼 수 있다. 진리를 보는 거룩한 눈을 가진 부처님은 한 사람만 있어도 진리를 말씀하신다. 설법하시는 동안 진리를 구하던 나는 귀를 깊이 기울였다.

내가 들은 것은 헛되지 않았다. 나는 속박을 끊고 번뇌의 더러움에서 벗어났다. 참으로 내가 바랐던 것은 전생을 깨닫는 것도 아니었고, 뛰어난 투시력인 천안통을 얻는 것도 아니었고, 남의 마음을 아는 타심통도, 죽고 다시 태어나는 윤회에 대한 숙명통도, 천이통을 얻는 것도 아니었다.

쾌락을 고통으로 알고 고통을 화살로 보아 스스로 그 쾌락과 고통

사이에 머무르지 않는 사람이 세상 그 무엇에 구애받을 것인가?
변경의 도시가 안과 밖으로 경계를 잘 하듯이, 스스로 자신을
잘 지켜야 한다. 삶을 헛되이 보내지 말라. 헛되이 보내는 자는
죽은 후 지옥에 떨어졌을 때 후회하게 되리니.
다소곳이 편안하고 사려 깊게 말하며, 들뜨지 않은 마음으로 악한
성질을 떨쳐내라. 바람이 나뭇잎을 날려버리듯."

_『테라가타』 서른 구절 시구, 박용길 역(요약)

"내가 들은 것은 헛되지 않았다. 참으로 내가 바랐던 것은 전생을 깨닫는 것도 아니었고, 뛰어난 투시력인 천안통을 얻는 것도 아니었다. 쾌락을 고통으로 알고 고통을 화살로 보아 스스로 그 쾌락과 고통 사이에 머무르지 않는 사람이 세상 그 무엇에 구애받을 것인가?"라고 말하는 싸리뿟따의 고백은 참으로 수행자의 심금을 울리는 말입니다.

우리 주위에서도 이런 경우를 볼 수 있습니다. 추구하는 것은 세상을 뛰어넘는 우주적이고 초월적인 깨달음인데, 막상 그 사는 것을 보면 고집, 오만, 인색, 남에 대한 무관심, 자기 생각에 대한 집착 등으로 뭉쳐 있는 것을 볼 수 있습니다. 아니면 초인적인 수행이나 신통을 구하기도 합니다. 초월적 깨달음이 과연 이런 오만과 고집이 있는 삶 속에서 일어날 수 있을까요? 싸리뿟따는 우리에게 미움·슬픔·폭력·탐욕 등 우리 삶을 고통으로 몰아넣

는 것에 대해 진지한 회의와 의문을 가지고 부처님에게 가까이 갈 것을 가르치고 있습니다. 이 경전을 읽으면 불교가 과연 무엇을 가르치는 종교인가를 알 수 있습니다.

싸리뿟따(사리불) 존자는 부처님의 가르침을 가장 잘 이해한 제자입니다. 부처님은 보름날에 참회의 모임(포살)을 가졌습니다. 세존께서 싸밧띠 시의 뿝빠라마에 있는 미가라마뚜 강당에서 500명의 거룩한 비구들과 있었을 때의 일입니다. 부처님은 참회의 모임에서 언제나 먼저 여러 수행승들에게 참회를 했습니다. 이 자리에서 싸리뿟따 존자는 수행승들을 이끄는 존경받는 제자의 면모를 보여줍니다.

"자, 수행승들이여, 지금 그대들은 마음 편안히 말하라. 그대들이 볼 때 내가 몸이나 말로 행한 것에 무언가 비난받아야 할 것이 있는가?"
이와 같이 말하자, 존자 싸리뿟따가 자리에서 일어나 세존께 합장하고 말씀드렸다.
"세존이시여, 저희들이 볼 때, 세존께서는 몸이나 말로 행한 것에 아무것도 비난받아야 할 것이 없습니다. 세존께서는 아직 생겨나지 않은 길을 생겨나게 하고, 아직 알려지지 않은 길을 알려주는 분으로, 길을 찾으신 분, 길을 꿰뚫어 보시는 분입니다. 저희

제자들은 그 길을 좇아서 그 길을 실천하는 자로 살 것입니다. 세존이시여, 마음 편안히 말씀해 주십시오. 제가 몸이나 말로 행한 것에 무언가 비난받아야 할 것이 있습니까?"

"싸리뿟따여, 내가 볼 때, 그대에게는 몸이나 말로 행한 것에 아무것도 비난받아야 할 것이 없다. 그대는 큰 지혜와 넓고 명쾌한 지혜를 가진 자이며, 통찰의 지혜를 갖춘 사람이다. 마치 왕의 큰아들이 아버지가 굴린 수레바퀴를 그대로 바르게 굴리는 것처럼, 그대는 내가 굴린 위없는 가르침의 수레바퀴를 바르게 굴리고 있다."

"세존이시여, 만약 제게 몸이나 말로 행하는 것에 비난할 것이 없다면, 저들 오백 명의 수행승에게는 아무것도 비난할 것이 없습니까?"

"싸리뿟따여, 내가 볼 때 저 오백 명의 수행승들에게도 아무 비난할 것이 없다."

_ 『쌍윳따니까야』 제8쌍윳따 '참회의 모임에 대한 경'

{이복형제들을 죽인 빠세나디 왕}

권력의 자리를 지키기 위해 왕이 형제들을 죽이는 일은 고금에 많습니다. 빠세나디 왕 또한 아버지의 첩의 자식, 즉 이복형제들을 많이 죽였습니다. 그들이 자신의 왕권에 위협이 되기 때문이었을 것입니다. 왕은 형제들을 죽인 뒤 죄의식에 시달렸습니다. 그는 부처님을 찾아갔습니다.

어느 때 부처님께서는 사위국 기수급고독원에 계셨다.
그때 빠세나디(파사닉) 왕은 그 서모庶母의 아들 1백 명을 죽이고 곧 후회하였다.
'나는 수많은 악의 뿌리를 지었다. 거기다 왕위를 위해 사람을 1백 명이나 죽였다. 누가 내 이 근심을 덜어줄 수 있을까?'
왕은 여러 신하들에게 둘러싸여 사위성을 나가 기원에 이르러, 거기서부터는 걸어서 기원정사로 들어갔다. 그리고 예부터 내려오는 예법대로 일산·하늘 갓·총채·칼·가죽신 등을 모두 다 버리고 세존 앞에 나아갔다. 머리를 땅에 대고, 다시 손으로 여래의 발을 어루만지면서 모두 다 고백하며 말했다.

"저는 지금 참회합니다. 과거를 고치고 미래를 닦겠습니다. 어리석고 미혹하여 진실과 거짓을 분별하지 못하고 왕의 위력을 이용하여 서모의 아들 1백 명을 죽였습니다. 그래서 지금 이렇게 와서 스스로 후회하고 있사오니 부디 바라옵건대 받아 주소서."

왕은 자신을 지키는 모든 무기를 버리고 부처님 앞으로 나아갔습니다. 스스로 알몸으로 선 것입니다. 부처님은 살생을 저지른 왕에게 이렇게 말씀했습니다.

"대왕이시여, 네 가지 큰 두려운 것이 있어서 항상 사람들의 몸을 핍박해 오지만, 그것은 또 주술呪術이나 전쟁이나 약초로써도 억눌러 꺾을 수 없는 것입니다. 그것은 이른바 생·노·병·사입니다. 죽음은 피할 수 없습니다.
어떤 사람이 살생을 가까이 한다면 온갖 죄의 근원을 다 받을 것입니다. 만일 인간 세상에 태어난다면 수명이 아주 짧아집니다. 사람이 도둑질을 익히면, 후생에는 옷은 몸을 가리지 못하고 음식은 배를 채우지 못할 것입니다. 왜냐하면 다른 사람의 재물을 빼앗기 때문에 그런 고통을 받은 것입니다. 그리고 인간 세상에 태어나면 한량없는 고통을 받을 것입니다.
대왕이시여, 법으로 다스려 교화하면 자기 몸과 부모·처자·노비·친족을 구제할 것이요, 또 나라 일을 보호할 것입니다. 그런 까닭에 대왕이시여, 항상 마땅히 법으로 다스리며 교화하시고, 법이 아닌 것은 쓰지 마십시오. 법 아닌 것으로 백성을 다스리는 사람은 죽은 뒤 모두 지옥을 떨어질 것입니다.

사람의 목숨은 매우 짧아서 세상에 있는 동안은 잠깐입니다. 만일 죽음이 오면 그 가운데서 아무리 울부짖어도 뼈마디는 모두 떨어져 나가고 몸은 모두 고통을 겪을 것입니다. 그때에는 아무도 구제할 이가 없을 것이니, 부모·처자·노비·복종·국토·백성들도 다 구제할 수 없을 것입니다. 이러한 어려움이 있는데 그것을 누가 대신할 수 있겠습니까?

거기에는 오직 보시와 지계持戒만이 있을 뿐입니다. 말은 언제나 부드럽게 하여 남의 마음을 다치게 하지 말고, 온갖 많은 공덕을 지어 선한 근본을 행하도록 하십시오.

그런 까닭에 대왕이시여, 부디 복 짓기를 생각하십시오. 만일 악을 행하였거든 곧 뉘우치고 다시는 범하지 마십시오. 그런 까닭에 대왕이시여, 자기 몸으로 말미암아 악을 행하지 말고, 부모·처자·사문·바라문을 위해 악을 행하거나 그 악행을 익히지 마십시오. 대왕이시여, 꼭 이와 같이 공부해야 합니다."

_『증일아함경』 제51권(요약), 동국역경원

빠세나디 왕은 자신의 권력에 방해가 된다고 생각한 동생들을 죽였지만, 생명에 대한 아픔보다 자신에게 닥칠지도 모르는 업보를 두려워하고 있습니다. 죄를 범하면 죄의식에서 벗어나기 위해 현실을 도피하기 쉽습니다. 그래서 마약을 통해 도피하기도 하고, 일을 통해 도피하기도 합니다. 그러나 아무리 술이나 마약 또는 일에 몰두해도 그 마음은 자유롭지 못합니다. 제사를 지내거나 신비적인 주술에 의지해도 두려움을 피할 수 없습니다. 주위 사람이나 가난한 사람들에게 보시를 하고 오계를 지켜야 죄업에서 벗어난다는 가르침은 사실 빠세나디 왕으로서 가장 따르기 어려운 요구입니다. 재물과 권력을 손에 쥔 큰 나라 왕으로서는 현실적으로 권력투쟁과 전쟁을 피하기 어렵기 때문입니다. 왕의 입장에서는 차라리 거대한 재물로 큰 제사를 지내는 것이 더 쉬운 일입니다. 이런 생각이 오늘에도 여전이 살아 있습니다. 화려하고 장대한 규모의 예배를 하거나 제사를 지내면 복을 많이 받거나 죄업이 줄어든다고 생각합니다. 이런 주술적인 생각은 결국 마약이나 술로 현실을 도피하는 것과 그 본질은 서로 같다고 할 수 있습니다.

이복동생을 죽인 빠세나디 왕도 자기가 아끼는 사람에 대해서는 달랐습니다. 어느 날 자신을 사랑해주던 할머니가 죽자 부처님을 찾아와 할머니를 살려달라고 청했습니다. 왕은 부처님을 신통력이 있는 사람으로 여기고 있습니다.

"세존이시여, 그런데 나에게 할머니는 몹시 사랑스러운 분이었습니다. 세존이시여, 만약 내가 값비싼 코끼리를 주어서 할머니가 돌아가시지 않게 할 수 있었다면, 나는 값비싼 코끼리를 주어서 할머니를 돌아가시지 않게 했을 것입니다. 세존이시여, 만약 내가 한 성을 주어서 할머니가 돌아가시지 않게 할 수 있었다면, 그 성을 주어서 할머니를 돌아가시지 않게 했을 것입니다."

할머니에 대한 사랑은 생명에 대한 사랑이기보다 자신의 소유에 대한 집착이 아닐까요? 생명에 대해 그토록 애착이 깊다면 그 많은 동생을 죽일 수 없었을 것입니다. 부처님은 빠세나디 왕의 집착을 깨우치며, 생명에 대한 사랑을 강조합니다.

"왕이시여, 삶은 죽는 것이고, 죽음을 끝으로 하는 것이며, 죽음을 뛰어넘지 못하는 것입니다. 대왕이여, 마치 옹기장이가 만든 옹기는 구워지지 않은 것이든 구워진 것이든 어떤 것일지라도 그 모두가 부서지는 것이고, 부서짐을 끝으로 하는 것이며, 부서짐을 뛰어넘을 수 없는 것과 같습니다."

_『쌍윳따니까야』 제3쌍윳따 '할머니'의 경, 전재성 역

부처님은 왕에게 현실도피적인 어떤 방법을 제시하지 않았습니다. "말을 부드럽게 하여 남의 마음을 다치게 하지 말고, 많은 공덕을 지어 착한 일을 하라."고 권합니다. 이렇게 복을 짓는 것은 현실에서 도피하려는 태도에서 다시 현실로 돌아오게 하는 가르침

입니다.

보시와 지계는 재가불자에게 특히 중요한 가르침입니다. 오계는 함부로 생명을 죽이지 않고, 주지 않는 것을 빼앗지 않으며, 성적 폭력을 삼가며, 거짓말을 하지 않으며, 취하도록 술을 마시는 것을 삼가는 규범입니다.

부처님은 보시를 하고 계를 지키면 하늘에 태어난다고 가르쳤습니다. 윤회를 믿는 사회에서 죄를 범한 사람이 찾는 것은 하늘에 태어나는 것입니다. 지옥에 대한 두려움은 현대인에게서도 발견할 수 있습니다. 부처님은 이런 사람에게 먼저 하늘에 태어나는 길을 가르쳤습니다. 그래서 듣는 사람의 마음이 하얀 천처럼 깨끗하고 부드러워지면, 이어 고집멸도의 네 가지 성스러운 진리(사성제)를 가르쳤습니다. 악행에서 근원적으로 벗어나기 위해서는 욕망에 대한 성찰이 그 해결책이기 때문입니다. 그래서 부처님은 다음과 같이 설합니다.

"만일 악을 행하였거든 곧 뉘우치고 다시는 범하지 마십시오. 그런 까닭에 대왕이시여, 자기 몸을 위하여 악을 행하지 말고, 부모·처자·사문·바라문을 위해 악을 행하거나 그 악행을 익히지 마십시오. 대왕이시여, 꼭 이와 같이 공부해야 합니다."

{하늘나라를 믿는 전사들}

부처님이 살던 당시는 전쟁의 시기였습니다. 그래서 경전을 보면, 곳곳에 전쟁 이야기가 기록되어 있습니다. 수행승들도 모이면 전쟁에 대한 이야기를 많이 했습니다. 전쟁은 특히 당시 강대국이던 꼬살라국과 마가다국 사이에 자주 일어났습니다.

전쟁에 필요한 전투병을 키우는 곳이 곧 전사마을입니다. 부처님은 전사마을, 코끼리부대 전사마을, 기마병 마을의 촌장들과 대화를 했습니다. 부처님이 이들과 대화한 내용을 보면 참으로 놀랍습니다. 부처님과 전사마을 촌장의 대화를 봅니다.

그때 전사마을의 촌장이 세존께서 계신 곳을 찾았다. 가까이 다가가서 세존께 인사를 드리고 서로 안부를 나눈 뒤에 한 쪽으로 물러앉았다. 전사마을의 촌장은 세존께 이와 같이 말씀을 드렸다. "세존이신 고따마여, 저는 전사들의 옛 스승의 스승으로부터 '전사는 전쟁터에서 전력을 다해 싸워야 한다. 전력을 다해 싸우다 적들에게 살해를 당하면, 죽은 뒤에 환희에 찬 하늘사람의 무리에 태어난다.'고 전해오는 이야기를 들었습니다. 세존이시여, 세존께서는 이것에 대해 어떻게 말씀하시겠습니까?"

전사마을에는 전쟁터에서 싸우는 전사들의 용기를 북돋우기 위해 예부터 내려오는 전설이 있었습니다. 즉 전사들이 전쟁터에서 용감히 싸우다 죽으면, 환희에 찬 하늘사람으로 태어난다는 것입니다. 그러므로 누구나 용감히 싸우다 죽으면 하늘나라 사람으로 태어난다고 생각하고, 비겁하게 피하거나 숨으면 당연히 지옥에 태어난다고 생각합니다.

전쟁을 합리화하는 이데올로기는 오늘날에도 여전히 살아있습니다. 일전에 호주의 어느 불교학자는 일본의 선불교를 비판했습니다. 승려들이 2차대전 때 군인들이 스스로 폭탄을 실은 비행기를 몬 채 적진에 떨어지도록 부추겼다는 이유 때문입니다. 생사일여生死一如니 검선일여劍禪一如니 하는 말이 모두 전쟁과 싸움을 부추기는 데 쓰여졌던 것입니다. 당시 승려들이 불교를 내세우며 일본의 젊은 이들을 전쟁터로 내 몰았던 것이지요. 우리가 일본의 통치하에 있었을 때도 같은 상황이 벌어졌었습니다. 당시 불교를 포함한 종교계 인사들이 조선의 청년들을 전쟁터에 나가도록 부추겼습니다.

촌장은 부처님을 찾아와 전사마을에서 대대로 내려오는 이야기를 전하며 부처님의 의견을 묻습니다. 부처님은 전사마을 촌장에게 그런 질문을 하지 말라고 청합니다. 그러자 촌장은 계속 같은 질문을 합니다. 촌장이 세 번이나 같은 질문을 하자, 부처님은 마침내

입을 엽니다. 그리고 부처님의 대답은 듣는 사람이 깜짝 놀랄 말이었습니다.

"촌장이여, 전사가 전쟁터에서 전력을 다해 싸우면, 그의 마음은 '사람들을 구타하거나 결박하거나 없애버려야 한다.'고 나쁜 곳으로 향하고 사악한 곳으로 향합니다. 이렇게 전력을 다해 싸우다가 적에게 살해되면, 그는 몸이 파괴되어 죽은 뒤에 환희라는 지옥에 태어납니다. 만약 죽어서 환희의 하늘사람으로 태어난다고 생각하면 그것은 잘못된 견해입니다."

부처님은 남을 해치려는 생각을 가지고 어떻게 하늘사람으로 태어날 수 있느냐고 묻습니다. 사실 전쟁터에서 용감히 싸우려면 상대방을 죽이거나 칼로 찌르는 의도가 없이는 불가능합니다. 사악한 마음을 지닌 사람이 죽어서 갈 곳은 환희라는 하늘이 아니라 환희라는 지옥이라고 하는 부처님의 말은 전사들의 윤회 이데올로기를 정면으로 부정하는 말입니다. 한 집단의 생존논리를 부정하는 말은 잘못하면 상대방의 분노를 일으킬 수 있는 말입니다. 그러나 부처님의 말을 들은 전사마을 촌장은 통곡을 하며 눈물을 흘렸습니다. 부처님은 촌장에게 그래서 처음부터 그런 질문을 하지 말라고 하지 않았느냐고 말했습니다. 그러자 촌장은 이렇게 대답합니다.

"세존이시여, 저는 세존께서 그와 같이 말씀하신 것에 슬퍼해서 통곡한 것이 아닙니다. 저는 옛 스승의 스승으로부터 '전사는 전쟁터에서 전력을 다해 싸워야 한다. 전력을 다해 싸우다 적들에게 살해를 당하면, 죽은 뒤에 환희에 찬 하늘사람의 무리에 태어난다.'고 오랜 세월 동안 속아 살고 기만당하고 현혹된 것이 슬퍼서 입니다."

남을 해치려는 의도를 가지고 하늘에 태어난다는 말은 윤회의 상식적인 논리에도 어긋납니다. 촌장은 자신이 오랫동안 잘못된 가르침에 의해 기만당해온 것을 깨닫고 참회합니다. 경전 끝머리에는 전사마을 촌장이 부처님의 가르침을 듣고 출가했다고 합니다.

이어지는 경전에는 코끼리부대 전사마을, 기마병마을의 촌장들과 대화가 실려 있지만, 내용은 위 경전과 대동소이합니다. 어쨌든 전쟁에 대해 이보다 더 분명하게 부처님의 입장을 보여주는 경전도 드뭅니다. 부처님은 사람들의 의도가 과연 자비인지 아니면 남을 해치는 것인지 묻고 있습니다.

중국 춘추전국시대의 노자老子는 전쟁을 일으키는 사람을 살생을 즐기는 사람이라고 비난했습니다. 노자는 죽음을 슬퍼하는 사람만이 전쟁에 이길 수 있다고 말했습니다.

미국의 진보적 지식인이자 교수였던 스콧 니어링(1883~1983)은 혁명을 주장했지만, 만년에 농부의 삶을 선택한 사람입니다. 스콧 니어링은 2차대전의 참상을 경험하고는 자신이 가지고 있던 전쟁채

권을 난로 속에 던져 불살랐습니다. 전쟁의 비용을 조달하기 위해 미국정부가 발행한 채권은 수익이 높았지만, 스스로 그 이익을 포기했습니다.

사람을 죽이고 해치는 일은 누구에게나 고통입니다. 베트남 전쟁 이후 이라크 전쟁까지 전쟁에 참가한 미국 사람들이 고향에 돌아와도 전쟁에 대한 기억 때문에 고통을 받는 일은 이제 널리 알려져 있습니다. 미국에서 이라크와 아프간전쟁에서 퇴역해 현재 노숙생활을 하고 있는 이들이 1,500명에 이른다고 한 신문(한겨레신문 2007. 11. 8)은 전하고 있습니다. 이들의 정신적 장애는 정상적 생활을 더욱 어렵게 합니다. 미 병무청 통계를 보면, 이라크와 아프간전쟁 퇴역군인으로 병무청의 노숙자 재활프로그램에 참가하고 있는 400여 명 가운데 45퍼센트가 정신질환 진단을 받았습니다. 그 중 4분의 3이 약물중독 문제를 겪고 있는 것으로 나타났습니다. 전문가들은 파병이 계속되면 노숙자가 될 '신참' 퇴역군인들이 더 늘어날 것으로 우려합니다.

팔레스타인의 민족시인 마흐므드 다르위시(Mahmoud Darwish)는 이스라엘에 의해 쫓겨난 팔레스타인 사람들의 고통을 대변하는 시인입니다. 다르위시는 한 인터뷰에서 장군과 시인의 차이에 대해 이렇게 말했습니다.

장군은 죽은 적의 시체를 헤아리지만,

시인은 얼마나 많은 생명이 죽었는지 세어본다.

전쟁의 승리를 말하는 사람은 많아도 전쟁의 실상을 말하는 사람은 적습니다. 누구도 그 진실을 밖으로 말하기 꺼립니다. 진실을 있는 그대로 말하는 부처님의 가르침을 듣고, 전사마을 촌장은 마침내 자신을 되돌아보고 참회를 했습니다.

"세존이시여, 훌륭하십니다. 세존이시여, 훌륭하십니다. 마치 넘어진 것을 일으켜 세우듯이, 가려진 것을 열어 보이듯이, 어리석은 자에게 길을 가리켜주듯이, 눈 있는 자에게 형상을 보라고 어둠 속에 등불을 가져오듯이, 세존께서는 이와 같이 여러 가지 방법으로 진리를 밝혀주셨습니다. 그러므로 이제 세존께 귀의합니다. 또한 가르침에 귀의합니다. 또한 그 수행승의 모임에 귀의합니다. 저는 세존 앞에 출가하여 구족계를 받겠습니다."

_『쌍윳따니까야』 제42쌍윳따 '전사'

살생과 폭력으로 자신의 생존을 영위하는 집단은 나름대로 자신을 정화하는 종교나 문화적 방어기제를 갖추고 있습니다. 전쟁에서 죽은 사람을 순교자로 부르고, 싸움을 하는 상대방을 도적이나 악마로 규정합니다. 고대 사회에서는 전사들에게 죽으면 하늘나라에 태어난다고 미리 보상을 약속했습니다. 종교는 여기서 자신의 역할을 찾았습니다.

한 촌장이 부처님에게 물은 것도 이런 문제였습니다. 은을 제련하는 한 촌장(무기를 만드는 사람입니다)은 부처님에게 이렇게 물었습니다.

"세존이시여, 서쪽지방에 사는 사제들은 물병을 들고 꽃으로 화환을 하고 물에 들어가 목욕재계를 하고 불의 신을 섬기는데, 이들은 이미 죽은 사람을 들어올려 이름을 부르고 하늘나라로 인도합니다. 그런데 세존께서는 사람들이 죽은 후 하늘나라에 태어날 수 있도록 할 수 있습니까?"

_『쌍윳따니까야』 제42쌍윳따 '서방인'

서쪽 지방에 있는 종교 사제들은 죽은 사람을 하늘로 인도하는 의식을 집행했습니다. 여기에 대해 부처님은 여러 가지 질문을 하면서 촌장 스스로의 답변을 요구합니다. 질문을 요약하면 이렇습니다.

"촌장이여, 어떤 사람이 생명을 죽이고, 주지 않는 것을 훔치고, 거짓말을 하고, 욕지거리를 하고, 꾸며대는 말을 하고, 탐욕과 미움과 삿된 견해를 가지고 있다면, 사람들이 그가 죽은 뒤에 하늘나라에 태어나라고 기도하고 합장한다면 과연 그가 하늘나라에 태어날 수 있습니까?

촌장이여, 어떤 사람이 커다란 돌을 호수에 던지고 나서, 많은 사람들이 모여서 '돌이여, 떠올라라. 돌이여, 떠올라라.' 하고 기도한다면 과연 돌이 땅 위로 올라올까요?

촌장이여, 어떤 사람이 생명을 죽이지 않고, 주지 않는 것을 훔치지 않고, 거짓말을 하지 않고, 욕지거리를 하지 않고, 꾸며대는 말을 하지 않고, 탐욕과 미움과 삿된 견해를 가지고 있지 않다면, 사람들이 그가 죽은 뒤에 지옥에 떨어지라고 저주하고 기도한다면 과연 그가 지옥에 태어날 수 있습니까?

촌장이여, 버터기름이나 참기름이 든 병을 호수에 넣고 그 병을 깨면, 병 조각은 밑으로 가라앉지만 버터나 기름은 위로 뜰 것입니다. 이때 사람들이 모여 '버터기름이여, 참기름이여, 물밑으로 가라앉아라.' 하고 기도한다고 그렇게 될 수 있습니까?"

촌장은 부처님의 질문에 대답함으로써 스스로 진실을 발견합니다. 부처님은 대화를 통해 상대방이 자신의 미망을 스스로 깨닫게 했습니다. 대화를 통한 깨달음은 경전에서 쉽게 발견할 수 있는 부처님의 평화로운 진리탐구 방식입니다.

{기생}

수자타 비구니는 출가하기 전 직업이 기생이었습니다. 그녀는 많은 하녀들을 거느릴 정도로 많은 재산을 소유하고 있었습니다. 고대 인도 역사를 보면, 당시 외모가 아름답고 여러 기예를 습득한 기생은 사회의 상층부와 교제가 빈번했고, 따라서 수입도 많았다고 합니다. 부처님은 이런 기생들의 초청을 받아들였고 가르침을 베풀었습니다. 그 중 대표적인 예가 암라녀(菴羅女, 암라팔리)입니다. 그녀는 부처님께 귀의한 뒤, 부처님과 대중들이 머물 동산(암라원)을 바쳤습니다.

어느 날 한 기생이 곱게 화장을 하고 하녀들을 거느리고 공원에 갔습니다. 돌아오는 길에 부처님을 만났습니다. 놀랍게도 이 기생은 부처님의 말씀을 듣고 그 자리에서 진리를 깨달았습니다. 그리고 출가합니다. 어떻게 이런 일이 가능할까요?

다음은 기생이었다가 출가한 수자타 비구니의 게송입니다.

몸에 장식을 하고, 옷을 잘 입고, 전단향이 풍기는 꽃을 머리에 꽂고,

내가 가진 온갖 장신구를 갖춘 채, 한 무리의 하녀들에 둘러싸여,
딱딱하거나 부드러운 음식물과 마실 것을 풍성히 갖추고 집을
나서서
놀이 공원으로 나섰습니다.
즐거움을 누리며 놀고 나서, 집으로 돌아오는 길에 나는 한 정사를
보았습니다.
나는 사께다의 안자나 숲에 들어갔습니다.
세상의 등불을 뵙고서는 그분에게 예배를 드리고 한 쪽에 앉았습
니다.
연민을 베푸시며, 눈을 갖추신 그분께서는 저에게 진리를 설해
주셨습니다.
진리를 보는 그 위대한 분의 말씀을 듣고는,
그 진리를 가슴 깊이 깨달았습니다.
바로 그 자리에서 나는 더러움을 여읜 진리, 불사의 경지를 얻었습
니다.
그 진리를 알고서는, 나는 출가의 길에 들어섰습니다.
세 가지 명지를 얻었습니다. 부처님의 가르침은 헛되지 않았습니다.

_『테리가타』 여섯 구절 시구, 박용길 역

공원에 놀이를 나온 기생은 부처님의 가르침을 듣고 그 자리에서
진리를 확신했습니다. 그녀는 경전에 나오는 대로 불교에 전혀

문외한이었습니다. 우리가 경전 속에서 이런 일을 보고 놀라게 되는 것은 지금과 같은 불교 수행 문화에서 보면 일어나기 힘든 일이기 때문입니다. 우리는 깨달음을 얻기 위해 누구나 어렵고 긴 수행을 거쳐야 한다고 믿고 있습니다. 그렇다고 그 기생이 전생에 많이 닦아서 그렇다느니, 또는 부처님의 신통력이 있었기 때문이라고 설명하는 것은 피상적인 해석입니다. 이런 해석은 모두 불교를 저 멀리 높은 곳에 두는 관념에서 나온 해석입니다. 물론 지금의 수행 문화와 2,500년 전의 수행이 같을 수는 없겠지요. 그러나 당시 수많은 사람들이 부처님의 짧은 가르침을 듣고 세상의 근심에서 벗어났습니다.

기생이 부처님의 말씀을 듣고 그 자리에서 출가할 정도로 깨달음이 왔다면, 부처님의 가르침이 누구보다 욕망의 한 가운데에서 살아가는 기생에게 가슴 깊이 다가왔기 때문이 아닐까요?

『자타카』 등을 보면 당시 기생은 사람을 속이는 데 능했으며, 감각적인 쾌락을 미끼로 돈 있는 남자들의 재물을 갈취했습니다. 늘 상대방이 재물이 있는지 살폈으며, 아무리 단골손님이라도 일단 재물이 다 떨어지면 가차없이 상대방을 차버렸습니다. 이들은 누구보다 욕망과 쾌락의 생리를 잘 아는 사람이라고 할 수 있습니다.

부처님은 어떤 계급에 처해 있든지 사람은 자신을 돌아보고 욕망을 성찰할 수 있다고 말씀했습니다. 깨달음을 현학적인 이론으로 이해하거나 오랜 수행을 해야 얻을 수 있다고 생각하는 사람으로서는 이 경전을 받아들이기 어려울지 모릅니다. 그러나 이 경전은 부처님의 깨달음이 곧 욕망과 고통에 대한 보편적인 진리임을 웅변하고 있습니다. 그리고 그 진리는 부처님의 말처럼, 현명한 사람이라면 혼자라도 스스로 사색해서 알 수 있는 것입니다.

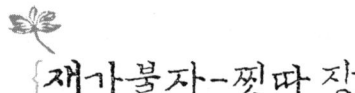
{재가불자-찟따 장자}

부처님 당시 재가불자들의 삶 또한 살펴볼 필요가 있습니다. 부처님 당시 찟따(질다라) 장자는 재가불자이면서 승단을 보호하며, 보시와 수행에 힘쓴 분입니다. 부처님은 이런 찟따 장자를 아껴 아들이라고 불렀습니다.『증일아함경』제3권 청신사품에서 부처님은 찟따 장자를 재가 남자신도(우바새) 중 지혜가 제일이라고 했습니다. 찟따 장자에 관해 알려주는 몇몇 이야기가 있습니다.

한때 찟따 장자는 볼 일이 있어 정사를 지나다가, 여러 상좌 비구들이 식당에 모여 있는 것을 발견하고, 곧 나아가 여러 상좌들 발에 예배하고 나서 물었다.
"존자들께서는 식당에 모여 어떤 법에 대해 의논하고 계셨습니까?"
여러 상좌들이 대답하였다.
"장자여, 우리는 오늘 이 식당에 모여 이런 의논을 하고 있었습니다. '눈이 색을 얽어매는 것인가, 색이 눈을 얽어매는 것인가? 이와 같이 귀와 소리·코와 냄새·혀와 맛·몸과 감촉은 어떠하며, 또한 뜻과 법에 있어서도 뜻이 법을 얽어매는 것인가, 법이 뜻을 얽어매는 것인가?"

장자가 물었다.

"여러 존자들께서는 이 이치에 대해 어떻게 말씀하였습니까?"
"장자의 생각은 어떻습니까?"

장자가 여러 상좌 비구들에게 말했다.

"제 생각으로는, 눈이 빛깔을 얽어매는 것도 아니요, 빛깔이 눈을 얽어매는 것도 아니며, 귀가 소리를 얽어매는 것도 아니요, 소리가 귀를 얽매이는 것도 아닙니다. 나아가 코와 냄새, 혀와 맛, 몸과 감촉도 그러합니다. 마지막으로 생각과 대상 사이에도 생각이 대상을 얽어매는 것도 아니요, 대상이 생각을 얽어매는 것도 아닙니다. 그 중간에 탐욕이라는 것이 있어서 그것에 얽매이는 것입니다. 비유하면 검고 흰 두 마리의 소에게 하나의 멍에를 씌워놓은 것과 같습니다. 그때 어떤 사람이 '검은 소가 흰 소를 얽어맨 것인가, 흰 소가 검은 소를 얽어맨 것인가?'라고 묻는다면, 그것을 바른 물음이라고 하겠습니까?"

"장자여, 그것은 바른 물음이 아닙니다. 왜냐하면, 검은 소가 흰 소를 얽어맨 것도 아니요, 흰 소가 검은 소를 얽어맨 것도 아니고, 그 멍에가 바로 그들을 얽어맨 것이기 때문입니다."

"그렇습니다. 존자들이시여, 눈이 빛깔을 얽어매는 것도 아니요, 빛깔이 눈을 얽어매는 것도 아니며, 귀가 소리를 얽어매는 것도 아니요, 소리가 귀를 얽매이는 것도 아닙니다. 나아가 코와 냄새,

혀와 맛, 몸과 감촉도 그러합니다. 마지막으로 생각과 대상 사이에도 생각이 대상을 얽어매는 것도 아니요, 대상이 생각을 얽어매는 것도 아닙니다. 그 중간에 있는 탐욕이 바로 그것을 얽어맨 것입니다."

그때 찟따 장자와 여러 상좌들은 함께 기뻐하면서 예배하고 떠나갔다.

_『잡아함경』 제21권 '계경(繫經)'(요약)

찟따 장자는 이처럼 부처님의 가르침에도 깊은 이해를 가지고 있었습니다. 단순히 눈이나 대상을 멀리하는 것이 부처님의 뜻이 아니라 탐욕을 없애는 것이 부처님의 가르침임을 알았습니다. 이 가르침은 지금도 혼동하는 사람이 많습니다. 이렇게 찟따 장자는 재가자이면서 많은 사람들을 부처님의 가르침으로 이끌었습니다. 이런 장자들이 있었기에 후에 대승불교도들이 편찬한 『유마경』이 가능했을 것입니다. 『유마경』은 재가불자 유마거사의 행적과 법문을 기록한 경전입니다.

다음은 재가불자 찟따 장자가 어떻게 외도들을 불교로 이끌었는지 잘 보여줍니다.

한때에 장자 찟따는 맛차까싼다에 있는 암바따가바나에 있었다.
그런데 그때에 그의 옛 집안 친구인 아쩰라 깟싸빠가 맛치까싼다에 도착했다. 마침 장자 찟따는 친구의 소식을 듣고 아쩰라 깟싸바가 있는 곳을 찾았다. 서로 인사를 나눈 후 장자 찟따는 아쩰라 깟싸바에게 이와 같이 물었다.

"존자여, 깟싸바여, 그대는 출가한 지 얼마나 되었습니까?"

"장자여, 나는 출가한 지 30여 년이 되었습니다."

"존자여, 그대는 그 30년간의 출가생활을 통해 인간을 뛰어넘는 법[十善道]*, 고귀하고 탁월한 앎과 봄[知見], 안락한 삶을 성취했습니까?"

"장자여, 나는 이 30년간의 출가생활을 통해 벌거벗고 삭발하고 거친 모래를 몸에 뿌리는 것 이외에 인간을 뛰어넘는 법, 고귀하고 탁월한 지견, 안락한 삶을 성취하지 못했습니다."

이처럼 말하자 장자 찟따는 아쩰라 깟싸바에게 이와 같이 말했다.

"그대가 이 30년간의 출가생활을 통해 벌거벗고 삭발하고 거친 모래를 털어내는 것 이외에 인간을 뛰어넘는 법, 고귀하고 탁월한 지견, 안락한 삶을 성취하지 못했다는 것은 존자여, 참으로 놀라운 일입니다. 존자여 참으로 예전에 없던 일입니다."

"그렇다면 장자여, 그대는 재가의 신자가 된 지 얼마나 오래 되었습

---

* 십선도: 열 가지 착한 길. 1) 죽이지 않고, 2) 빼앗지 않고, 3) 음란하지 않고, 4) 거짓 증언하지 않고, 5) 이간질 않으며, 6) 욕하지 않고, 7) 허튼 말 등 꾸미는 말을 하지 않고, 8) 탐욕을 부리지 않고, 9) 성내지 않으며, 10) 삿된 견해를 멀리하는 것 등을 가리킴.

니까?"

"존자여, 나는 재가의 신자가 된 지 30년이 되었습니다."

"그러면 장자여, 그대는 그 30년간의 출가생활을 통해 인간을 뛰어넘는 법, 고귀하고 탁월한 지견, 안락한 삶을 성취했습니까?"

"존자여, 왜 아니겠습니까? 존자여, 나는 내가 원하는 대로 감각적인 쾌락의 욕망을 여의고 악하고 불건전한 상태를 떠난 뒤, 사유와 숙고를 갖추고 멀리 여읨에서 생겨나는 희열과 행복을 갖춘 첫 번째 선정을 성취합니다. 존자여, 나는 내가 원하는 대로 사유와 숙고가 멈추어진 뒤, 내적인 평온과 마음의 통일을 이루고, 사유와 숙고를 여의어, 삼매에서 생겨나는 희열과 행복을 갖춘 두 번째 선정을 성취합니다. 존자여, 나는 내가 원하는 대로 희열이 사라진 뒤, 평정하고 새김이 있고 올바로 알아차리며, 신체적으로 행복을 느끼며, 고귀한 님들이 평정하고 새김이 있고 행복하다고 표현하는 세 번째 선정을 성취합니다. 존자여, 나는 내가 원하는 대로 행복과 고통이 버려지고 만족과 불만도 사라진 뒤, 괴로움도 없고 즐거움도 없는 평정하고 새김이 있고 청정한 네 번째 선정을 성취합니다.

존자여, 그러나 만약 내가 세존보다 일찍 죽게 되더라도 세존께서 '장자 쩟따가 결박에 묶여 이 세상에 다시 돌아올 그러한 결박은 없다'고 말씀하신다면 놀라운 일이 아닙니다."

이렇게 말하자 아젤라 깟싸빠는 장자 쩟따에게 이와 같이 말했다.

"집안에서 흰 옷을 입은 장자가 이와 같이 인간을 뛰어넘는 법, 고귀하고 탁월한 지견, 안락한 삶을 성취한 가르침을 설하는 것은 장자여, 참으로 놀라운 일입니다. 장자여, 참으로 예전에 없던 일입니다. 장자여, 나는 이 가르침과 계율에 출가하여 구족계를 받고자 합니다."

그래서 장자 찟따는 아쩰라 깟싸바를 데리고 장로 수행승들이 있는 곳을 찾아가 이와 같이 말했다.

"존자들이여, 이 아쩰라 깟싸바는 저의 옛 집안 친구입니다. 장로들께서는 그를 출가시켜 구족계를 주십시오. 제가 최선을 다해 옷과 발우와 와좌구와 질병을 구호할 수 있는 의약품과 생필품을 조달하겠습니다."

그 후 아쩰라 깟싸바는 가르침과 계율에 출가하여 구족계를 받았다.

_『쌍윳따니까야』 제41쌍윳따 '아쩰라'

(『잡아함경』 제21권 '아기비가경'에도 비슷한 내용이 실려 있다)

여기서 우리는 당시 부처님의 제자들이 네 가지 선정을 닦았던 것을 알 수 있습니다. 이 네 가지 선정은 앞서 부처님의 수행역정을 공부할 때 보았듯이, 부처님이 고행의 한계를 깨닫고 새로운 수행방법을 탐구하면서 얻은 것입니다. 따라서 이 네 가지 선정은 오늘 우리의 수행풍토에서 그 의미를 다시 새겨 보아야 할 매우 중요한 수행이라고 생각합니다.

벌거벗고 흙을 바르고 다니는 고행자 아쩰라 깟싸바가 찟따 장자에게 깨달음을 얻었느냐고 묻자 장자는 자신있게 부처님이 가르친 네 가지 선정을 설명합니다. 찟따 장자는 자신이 원하는 대로 네 선정에 드나들 수 있다고 말합니다. 따라서 네 가지 선정은 꼭 처음부터 첫째 선정에 들어가 마지막으로 네 번째 선정에서 끝마치는 것이 아니라, 그때 그때의 신체나 마음의 조건에 따라 임의로 선택할 수 있는 선정입니다. 다만 이 선정에 들었다 나왔더라도 '내가 선정에 들어간다'거나 '내가 선정에서 나온다'는 생각이 없어야 합니다. 이런 생각을 일으키면 교만이라고 부처님은 말씀했습니다. 모든 물질·느낌·지각·형성·의식은 나의 것이 아니며 내가 아니기 때문입니다.

다음은 찟따 장자가 병상에 있을 때의 이야기입니다.

한때 장자 찟따는 병이 들어 괴로워했는데 아주 중병이었다. 그러자 많은 하늘사람들이 무리 지어 모여 와 장자 찟따에게 이와 같이 말했다.
"장자여, 그대는 서원에 따라 미래세에 전륜왕이 될 것입니다."
이와 같이 말하자, 장자 찟따는 그들 여러 하늘사람들에게 이와 같이 말했다
"그것 역시 무상한 것이고 그것 역시 불안한 것이고 그것 역시 버려야 할 것입니다."

그러자 장자 쩻따의 친구, 동료, 친지, 혈족들이 장자 쩻따에게 이와 같이 말했다.

"고귀한 아들이여, 새김을 확립하고 쓸데없는 말을 하지 마십시오."

"그대들이 '고귀한 아들이여, 새김을 확립하고 쓸데없는 말을 하지 마십시오.'라고 말했는데 내가 어떻게 말했습니까?"

"고귀한 아들이여, 그대는 '그것 역시 무상한 것이고 그것 역시 불안한 것이고 그것 역시 버려야 할 것이다.'라고 말했습니다."

"그것은 여러 하늘사람들이 무리지어 모여 와 나에게 '장자여, 그대는 서원에 따라 미래세에 전륜왕이 될 것이다.'라고 말했기 때문입니다. 그래서 나는 그들에게 '그것 역시 무상한 것이고 그것 역시 불안한 것이고 그것 역시 버려야 할 것이다.'라고 말한 것입니다."

"고귀한 아들이여, 그들이 어떤 이유로 '장자여, 그대는 서원에 따라 미래세에 전륜왕이 될 것이다.'라고 말했습니까?"

"그들은 '이 장자 쩻따는 계행을 지키고 착하고 건전한 가르침을 지킨다. 만약 그가 미래세에 전륜왕이 되겠다고 서원을 하면, 계행을 지키는 자가 마음에 둔 서원은 청정하기 때문에 성취될 것이다. 정의로운 자에게 바른 결과가 따를 것이다.'라고 생각했습니다. 그래서 여러 하늘사람들이 나에게 '장자여, 그대는 서원에 따라 미래세에 전륜왕이 될 것이다.'라고 말했습니다. 그러나 나는 그들에게 '그것 역시 무상한 것이고 그것 역시 불안한 것이고 그것 역시 버려야 할 것이다.'라고 말한 것입니다."

_『쌍윳따니까야』 제41쌍윳따 '간병'(요약)

쩟따 장자는 병으로 몸을 마칠 때에도 무상과 무아의 진리를 깊이 이해한 재가불자였습니다. 보통 인도사람들은 죽을 때 다음 생에 좋은 곳에 태어나기를 기도하지만, 쩟따 장자는 부처님의 제자답게 죽음을 맞이하는 태도가 달랐습니다. 그는 죽어서 하늘나라에 태어나거나 전륜성왕이 되기를 바라지 않았으며, 부처님의 가르침대로 마음속에 온갖 미련과 두려움, 다음 생에 대한 욕망마저 버렸습니다. 이렇게 쩟따 장자는 모든 번뇌를 끊어 부처님의 가르침인 열반을 실현했던 것입니다.

{마지막 한 사람}

부처님은 깨달음을 얻었을 때, 처음에는 설법을 망설였습니다. 그 진리를 받아들이기가 결코 쉽지 않을 것이라고 생각했기 때문입니다. 그러나 부처님은 소수의 사람이라도 진리에 목말라하는 사람이 가르침을 들으면 해탈할 수 있다는 작은 가능성을 보고 설법에 나섰습니다. 부처님은 그래서 누구라도 진리를 묻는 사람이 있으면 대화와 설법을 마다하지 않았습니다. 80세를 일기로 숨을 거둘 때까지 부처님은 길 위에서 진리를 전했습니다.

부처님이 늙어 장차 목숨을 내려놓으려 하실 때 수발다라라는 늙은 수행자가 찾아왔습니다. 그는 부처님이 연세가 많아 곧 열반하시리라는 소문을 듣고 자신의 의문을 풀고자 찾았던 것입니다. 그때는 부처님께서 이미 연세가 여든 살인데다, 한 신도가 바친 음식이 잘못 되어 설사와 탈수증으로 고통을 받는 중이었습니다. 그래서 시자인 아난존자는 부처님이 병중이라는 이유로 만남을 거절했습니다. 그 늙은 수행자가 두 번 세 번 요청을 했으나, 아난존자는 부처님의 고통을 생각하여 계속 거절했습니다.

마침내 이 소동을 들으신 부처님은 아난존자를 말리고 늙은 바라문의 방문을 허락하십니다. 마지막 한 사람을, 그것도 아주 나이 많은 한 수행자를 받아들여 진지하게 질문에 대답하시는 모습에서 부처님의 깊은 자비를 보게 됩니다.

그때 수발다라는 세존께서 올바른 진리의 눈을 열어주시겠다는 말을 듣고 못내 벅찬 기쁨으로 세존께서 계신 곳으로 나아갔다. 문안인사를 여쭌 다음 한 쪽에 물러나 앉아서 부처님께 말씀드렸다.
"고따마시여, 세상의 지도자인 부란나가섭 등 여섯 스승들은 '내가 사문이다, 내가 사문이다'라고 저마다 그렇게 주장했습니다. 어떻습니까? 고따마시여, 과연 이런 여러 주장들이 옳습니까?"
부처님께서 수발다라에게 말씀하셨다.
"우리의 바른 법과 율 안에서 8정도를 얻지 못한 사람은 첫째 사문도 되지 못하고, 둘째·셋째·넷째 사문도 되지 못합니다. 수발다라여, 우리 법과 율 안에서 8정도를 얻은 사람이라야 첫째 사문도 되고, 둘째·셋째·넷째 사문도 될 수 있습니다. 이것을 제외하고는 어떤 외도에도 사문은 없습니다. 그것은 곧 외도의 스승이며 이름만의 사문이요 바라문일 뿐입니다. 그러므로 나는 대중 가운데에서 사자처럼 외칩니다."
이렇게 설법하시자, 수발다라 출가 외도는 티끌과 때를 멀리 여의고 법안(法眼; 진리를 보는 눈)이 깨끗하게 되었다. 그때 수발다라는 법을 보아 법을 얻고, 법을 알아 법에 들어갔다. 모든 의심에서 벗어나 다른 믿음을 의지하지 않고, 남의 제도를 받지 않으며, 바른 법과 율 안에서 두려움이 없게 되었다.

_『잡아함경』 제35권 '수발다라경', 동국역경원

평생 동안 여러 수행자를 따라 공부를 했음직한 늙은 수행자는 참다운 수행의 기준이 무엇인지 부처님께 물었습니다. 그는 누가 참다운 진리를 닦는 수행자인지 가려볼 수 있는 기준을 알고 싶었던 것입니다. 부처님은 이 늙은 바라문에게 팔정도야말로 참으로 올바른 사문이 걸어야 할 기준이라고 설법합니다. 이처럼 부처님의 최후 설법에서 강조된 것은 팔정도였습니다.

오늘 우리 현실에도 많은 수행자가 있으며, 깨달음을 얻었다고 자처하는 사람도 많습니다. 이들이 참다운 진리를 얻은 사람인지 아닌지 가려볼 기준을 부처님은 이미 명확하게 제시했습니다. 우리가 혹 신통이나 예언, 수행한 햇수, 또는 단체의 규모로 기준을 잡고 있는 것은 아닌지 진지하게 살펴볼 일입니다.

6. 에피소드

{밥을 얻지 못한 부처님}

우리들은 흔히 부처님이 어딜 가시든 많은 사람들에 둘러싸여 존경과 훌륭한 대접을 받았을 것이라고 생각하기 쉽습니다. 물론 마가다국 빔사라왕이나 꼬살라국 빠세나디 왕이 귀의를 하고 많은 부유한 상인들이 불교를 믿어 교세가 커졌습니다만, 불교가 세상에 처음 나타날 그 당시에는 이미 기존 종교(바라문) 외에 여섯 개의 큰 신흥 종교단체가 있었습니다.

부처님이 진리를 세상에 알리는 역정에는 많은 모함과 외면이 있었습니다. 때로는 다른 종교단체에서 여성을 보내 부처님의 아기를 가졌다고 모함하기도 했고, 부처님이 탁발을 나가셔서 밥을 얻지 못하고 그냥 돌아왔던 적도 있었습니다. 다음은 그 중 한 이야기입니다.

한때 세존께서 마가다국에 있는 빤짜쌀라라는 바라문 마을에 계셨다.
마침 빤짜쌀라 마을에는 젊은 남녀가 서로 선물을 주고받는 축제가 열리고 있었다. 그때 세존께서는 아침 일찍 발우와 가사를 들고 탁발을 하기 위해 빤짜쌀라 바라문 마을에 가셨다.

그런데 빤짜쌀라 마을에 사는 바라문들은 악마 빠삐만에게 사로 잡혀 있었다. 그래서 세존께서 빤짜쌀라에 탁발을 하러 들어갈 때의 그 빈 발우를 그대로 들고 나오셨다.

그때 악마 빠삐만이 세존께서 계신 곳으로 찾아왔다. 가까이 다가와서 세존께 이와 같이 말했다.

"수행자여, 음식을 얻었습니까?"

"빠삐만이여, 내가 음식을 얻지 못하도록 그대가 하지 않았는가?"

"그러면 존자여, 존자께서는 다시 빤짜쌀라 바라문 마을로 가십시오. 제가 존자께서 음식을 얻을 수 있도록 하겠습니다."

그러자 세존께서 게송을 읊으셨다.

이렇게 오신 님(여래)을 모욕하여
악마는 악한 과보를 초래했네.
빠삐만이여, 어떻게 해서 죄악이
과보를 초래하지 않으리라 생각하는가?

아무것도 갖고 있지 않지만,
우리는 참으로 훌륭히 살고 있다.
지극히 빛나는 하늘의 하늘사람처럼
기쁨을 먹고 살아갈 것이네.

그러자 악마 빠삐만은 '세존께서는 나에 대해 알고 계신다. 부처님
께서는 나에 대해 알고 계신다.'라고 알아채고 괴로워하고 슬퍼하
면서 그곳에서 곧 사라졌다.

_『쌍윳따니까야』 제4쌍윳따 '탁발'

마을은 축제에 젖어 흥청거렸고, 구경에 팔린 사람들은 밥을 얻으러 온 수행자를 외면했습니다. 사람들이 밥을 빌지 못한 부처님을 조롱했지만, 부처님은 슬픔이나 원망이 없이 지냈다고 경전은 전하고 있습니다. 하루에 한 끼를 얻어먹으며 지냈으며, 그나마 그 한 끼도 얻지 못한 상황에서도 기쁨과 평정을 지키고 살아간 부처님을 보면 참으로 놀랍습니다.

{부처님께 설법하는 비구}

다음은 소나 쿠티칸나 비구가 부처님을 가까이 모시면서 읊은 시입니다.

나는 계율을 받았습니다.
나는 마음이 해탈했으며, 번뇌가 없습니다.
나는 행복하신 분을 뵈었으며,
또 그분과 정사에서 함께 지냈습니다.
행복하신 분은 늦은 밤을 밖에서 계셨습니다.
이윽고 훌륭하신 분께서는 정사에 들어오셨습니다.
겉옷을 펼치시며, 바위 동굴에 사는 사자와 같이,
두려움과 공포를 제거하신 고따마는 잠자리를 만드셨습니다.

그때 완전히 깨달으신 분의 제자로서 청정한 설법을 하는 소나는
깨달으신 분 가운데 최상이신 분의 면전에서
참다운 진리를 설했습니다.
존재의 구성 요소들을 알고 올바른 길(팔정도)을 닦고,

최상의 평안에 이른 그는 번뇌 없이 마음이 가라앉을 것입니다.
_『테라가타』 다섯 구절 시구, 박용길 역

소나 쿠티칸나 비구는 부호의 아들이었습니다. 목소리가 아름다워 미성제일美聲第一이라고 사람들이 불렀습니다.

소나 비구의 게송을 보면 부처님께서 늦은 밤 어떻게 지냈는지 알 수 있습니다. 부처님께서는 밤늦게까지 밖에서 사색과 명상을 했습니다. 그리고 정사에 들어와서는 입고 있던 겉옷을 펼쳐서 스스로 잠자리를 만들었습니다. 평소에 입던 겉옷이 잘 때는 그대로 담요로 쓰였던 것입니다. 이 시는 옷 한 벌과 발우 하나로 평생을 살아가신 부처님의 모습을 있는 그대로 우리에게 보여 줍니다.

잠자리에 들기 전에 부처님은 소나 비구에게 설법을 하도록 명합니다. 소나 비구는 부처님 앞에서 자신이 알고 있는 부처님의 가르침을 말합니다. 이 경전에 나오는 내용을 가지고 추측해보면, 다음과 같습니다.

"사람의 존재는 물질·느낌·지각·형성·의식 등 다섯 가지(오온)로 구성되어 있으며 늘 욕망에 쫓기고 있다. 이것은 무상하며 괴로움이며, 내〔我〕가 아니며, 나의 것〔我所〕도 아니다. 따라서 사람이 마땅히 걸어야 할 길은 여덟 가지 바른 길이다. 곧 올바른 견해, 올바른 사유, 올바른 언어, 올바른 행동, 올바른 생계, 올바른 노력, 올바른 마음새김, 올바른 집중이다."

제자는 이렇게 무아의 진리와 여덟 가지 바른 길(팔정도)의 뜻을 설명합니다. 설법을 경청하고 고개를 끄덕이는 부처님을 보고 소나 비구는 어느덧 마음의 평화를 얻습니다. 진리에 대한 확신은 스승과 제자 사이에 이렇게 전해졌던 것입니다. 이 경전을 통해 제자와 밤늦도록 도란도란 법담을 나눈 부처님을 그려볼 수 있습니다.

진리가 종교단체의 교주나 특정인에게만 속해 있다는 생각은 권위주의를 낳습니다. 그런 깨달음은 보편적인 진리라고 할 수 없습니다. 제자가 부처님께 설법을 할 수 있었던 것은, 부처님의 진리는 특정한 사람에게 속해 있는 것이 아니라, 누구나 얻을 수 있는 보편적인 진리임을 말해줍니다.

{더운 물을 얻으러 다니는 시자}

대승불교에서는 부처님을 금강신으로 표현합니다. 다이아몬드와 같이 견고하여 생로병사에 걸림이 없는 몸이라는 뜻입니다. 이 표현은 부처님을 법신法身으로 볼 때 하는 말입니다. 그러나 역사 속에서 존재했던 부처님은 보통 사람처럼 병을 앓기도 했습니다.

> 번뇌를 이긴 아라한이시며, 세상의 훌륭한 나그네이시며,
> 거룩하신 분께서 풍병으로 고통 받고 계십니다.
> 만약 더운 물이 있으면, 거룩한 분, 바라문께 드리십시오.
> 고귀한 이들이 귀하게 여기는 분, 대접받을 만한 이들이 대접하는 분,
> 존경받을 만한 이들이 존경하는 분,
> 바로 그분께 더운 물을 바치기 원합니다.
> _『테라가타』 두 구절 시구, 박용길 역 참조

이 글을 보면 부처님이 풍병을 앓았음을 알 수 있습니다. 대개 풍병은 춥고 더운 데에 오래 있으면 얻게 되는 병입니다. 부처님은

끝없이 가르침을 전파하면서 걸어 다녔으며, 하루 한 끼 밥을 빌어먹으며 길에서나 숲에서 지낸 분입니다.

당시 부처님이 계신 숲 속은 오늘날 우리가 산책을 하는 공원들과 같이 잘 정돈된 곳이 아니라, 추위와 더위가 교차하고 뱀・지네・독사・맹수 등이 사는 곳이었습니다. 부처님의 제자 중에는 동굴에서 수행하다가 뱀에게 물려 죽은 일도 있었습니다. 먹는 것도 쉬운 일이 아니었습니다. 일을 하지 않는다고 하여 농부에게 조롱을 당하기도 했습니다. 흉년이 들어 얻어먹기가 힘들 때는 제자들은 자기 고향에 돌아가 탁발을 해야 했습니다.

위대한 성인이 병을 앓았다고 하면 수행이 부족한 사람이라고 비난하는 사람이 있습니다. 그러나 그렇게 비난하기에 앞서 그 성인이 그동안 어떻게 살았는지 먼저 물어야 합니다. 부처님은 나이 80에도 사람들에게 진리를 전파하기 위해 긴 여정을 멈추지 않았습니다. 노구에 탁발을 하며 다니시다 음식으로 인해 병을 얻어 결국 길 위에서 열반에 드셨습니다. 원불교의 창시자 소태산 대종사도 나이 들어 해수병(咳嗽病: 기침)으로 고생하셨습니다. 가난한 가정에서 태어나신 데다 젊었을 때 도를 얻기 위해 피나는 수행을 했기 때문입니다. 부처님의 풍병은 왕자로서의 호화로운 삶을 버리고 오랜 세월 길 위에서 지낸 까닭이 아닌가 생각됩니다.

{사촌과 마부}

부처님 고모의 아들

부처님의 고모의 아들인 팃사는 자신이 부처님의 인척이라는 이유로 남보다 자신이 잘났다고 생각했습니다. 저사경은 그런 조카에게 부처님이 하신 말씀을 전하고 있습니다.

어느 때 부처님께서는 슈라바스티국 제타숲 외로운 이 돕는 동산에 계셨다.

그때에 존자 팃사(존자 저사)는 생각하였다.

'나는 세존님 고모의 아들로서 세존님과는 형제 뻘이다. 그러므로 누구에게 공경할 것도 없고, 거리낄 것도 없으며, 두려워할 것도 없고, 충고 받을 것도 없다.'고.

이 말을 전해들은 부처님은 팃사 비구를 불러 묻습니다.

"너는 참으로 '나는 세존님 고모의 아들로서 세존님과는 형제 뻘이 된다. 그러므로 누구에게 공경할 것도 없고, 거리낄 것도 없으며, 두려워할 것도 없고, 충고 받을 것도 없다.'고 생각하였느냐?"

"실로 그러합니다. 세존이시여."

부처님께서 말씀하셨다.

"너는 그렇게 하여서는 안 된다. 너는 마땅히 '나는 세존님 고모의 아들로서 세존님과는 형제 뻘이 된다. 그러므로 마땅히 누구에게나 공경하고 두려워하며, 충고를 참고 들어야 한다.'고 생각하여야 한다."

_『잡아함경』 제38권 '저사경'(요약)

권력자와 가깝다는 이유로 남에게 교만하게 대하는 일은 동서고금이 다 비슷해 보입니다. 세존의 사촌이라고 함부로 교만하게 행동했던 틋사 비구의 모습이 눈에 선합니다. 부처님은 틋사 비구에게 부드러운 마음과 겸손이 수행의 기초가 되며, 성냄을 버리는 것이 착함이라고 가르칩니다.

초기 경전에는 이외에도 부처님의 인척으로 오만하게 행동하는 수행자가 있었음을 보여줍니다. 예를 들면, 부처님 이모의 아들인 난다 비구는 옷과 발우를 화려하게 꾸미기를 좋아해서 부처님께서 훈계를 하기도 했습니다. 어느 큰스님으로부터 계명을 받았다거나 어느 절을 출입한다고 해서 곧 남보다 낫다고 생각해서는 안 된다고 이 경전은 가르칩니다.

싯다르타 왕자의 마부
찬다카(Chandaka) 비구는 우리에게 천타闡陀 존자로 알려져 있습니다. 찬다카 비구는 부처님이 집을 떠날 때 말에 태워 성 밖으로 안내했던 마부였습니다. 이후 부처님이 수행자의 길을 걷자, 자신도 집으로 돌아가지 않고 부처님을 따라 수행의 길에 나섰습니다. 그리고 부처님께서 깨달음을 얻은 후에는 부처님의 제자가 되었습니다.

찬다카 존자는 아라한과를 증득한 후에도 자주 사소한 계를 범했습니다. 모든 비구들이 잘못을 충고했으나 찬다카는 의식적으로 충고를 받아들이지 않을 뿐만 아니라 오히려 이렇게 말했습니다.

"너희들은 나의 잘잘못을 말하지 말라. 나는 너희들의 시비를 논할 수 있으나, 너희들은 나에 대해 언급할 자격이 없다. 왜냐하면, 내가 아니었으면 싯다르타 태자가 출가할 수 없었으며, 출가하여 도를 닦지 않았으면 부처님이 있을 수 없기 때문이다. 그러므로 나는 언덕 위에 우뚝 솟은 거목과 같고, 너희들은 마치 태풍에 한 구석에 모인 낙엽과 같다."

─ 『남북전6부 율장비교연구』 (이지관 스님 지음)

이렇게 주장하는 찬다카 비구를 아무도 말릴 수가 없었다고 합니다. 기세가 등등한 이런 찬다카 비구의 모습이 그리 낯설지 않은 것은 지금도 우리 주위에 이런 사람들을 볼 수 있기 때문입니다. 지각있는 비구들은 급기야 이 사실을 부처님께 보고했습니다. 부처님은 대중을 불러 모으시고, 찬다카 비구에게서 이 사실을 자백받은 다음, 다음과 같이 계를 설하셨습니다.

"만일 비구가 나쁜 성품을 지닌 탓으로 남의 말을 듣지 않고, 계법戒法 가운데 머무는 여러 비구들이 법에 맞게 충고하여도 자기는 충고하는 말을 듣지 않고 도리어 말하기를, "여러 대덕이여, 나에게 좋거나 나쁨을 말하지 마시오. 나도 여러 대덕들의 좋거나 나쁨을 말하지 않겠소. 여러 대덕들이여, 그만두시오. 나에게 충고하지 마시오." 하거든, 그 비구들은 이 비구에게 충고하기를, "대덕이여, 충고하는 말을 듣지 않으려고 하지 마시오. 대덕이여, 당신 자신은 충고하는 말을 들어야 합니다. 대덕도 법에 맞게 비구들에게 충고하고, 비구들도 법에 맞게 대덕에게 충고해야 하오. 이와 같이 하여야 부처님의 제자들이 더욱 이익을 얻으니, 두루 서로 가르치고 서로 충고하고 서로 참회해야 하오."라고 해야 한다.
이 비구들이 이와 같이 충고할 때에 한사코 태도를 바꾸지 않으면, 그 비구들은 마땅히 두 번 세 번 충고해야 할 것이다. 세 번이나 충고했는데도 태도를 바꾸지 않으면 승가바시사이다."

_『사분율 비구계본』, 동국역경원

승가바시사는 바라이 다음 가는 중죄입니다. 바라이는 승가가 범하는 죄 중에서 음행 살인 도적질 등 극악한 죄로서, 이를 범하면 승가의 자격을 상실하게 됩니다. 승가바시사는 참회하면 겨우 비구로서의 생명이 유지되고 교단에 머무를 수 있으며, 승잔僧殘이라 번역합니다.

찬다카 비구는 자신이 부처님을 오래 모셨고, 자기가 없었으면 오늘의 부처님이나 승단이 불가능하다고 주장했습니다. 자신의 공을 드러내고 승가대중에게 오만불손한 행동을 했습니다. 더구나 찬다라 비구는 사람들에게 아라한으로 대접받고 있었습니다. 원래 아라한은 남에게 대접받을 만한 분, 즉 응공應供을 뜻하는 말입니다. 출가자 중에서 덕이 높아 남들이 공양을 바치는 사람을 아라한으로 불렀습니다.

부처님은 대중을 불러 모아 찬다카의 잘못을 자백 받은 후, 이 계를 설하셨습니다. 아무리 수행이 높다고 알려지고 그 수행자가 자신의 측근이라도 청정하지 못하면 참회를 하게 하는 부처님의 단호한 모습을 볼 수 있습니다.

{죽음을 넘어선 우빠쎄나 존자}

부처님을 따르던 출가자들은 늘 배고픔과 추위에 시달렸습니다. 배고프다고 해서 밥이 옆에 대기하고 있는 것도 아니며, 춥다고 해서 늘 정사가 곁에 마련된 것은 아니었습니다. 출가자는 언제나 밥을 빌어서 먹어야 했고, 마땅한 정사가 없으면 나무 밑에서 자야 했습니다.

미국에서 한때 야생체험이 인기를 끌었습니다. 옛날 원시인들처럼 그냥 숲이나 벌판에서 무방비로 몇 주일이나 몇 달을 지내는 것이지요. 야생체험을 한 사람의 경험을 들어보면, 기대와는 달리 낭만적인 것과 거리가 멉니다. 밤마다 바스락대는 소리에 잠을 들지 못하고, 짐승이 우는 소리로 공포에 떨며 밤을 꼬빡 새우는 일도 많았습니다. 무료함도 견디기 힘든 고통입니다. 조금 다른 이야기지만, 우리 주위에도 도시에서 살다가 농촌에 내려간 사람들 중에 다시 도시로 온 사람이 적지 않습니다. 시골에서 처음 몇 달은 지낼 만했으나 그 다음부터는 지루함을 견디기 어려웠다고 합니다.

부처님 당시 출가자들은 늘 얻어먹으며 숲이나 길에서 밤을 지내야 했습니다. 짐승 때문에 동굴에서 지내기도 했지만, 그 속에서는 뱀을 만나야 했습니다. 외로움이나 무료함도 고통이 아닐 수 없습니다. 그러나 부처님의 가르침과 수행의 힘으로 출가자들은 그 모든 어려움을 견뎌냈습니다. 다음에 소개하는 우빠쎄나 스님도 그런 수행자들 중 한 사람입니다.

한때 존자 싸리뿟따와 존자 우빠쎄나는 라자가하의 씨따바나에 있는 쌉빠쏜디까 동굴에 있었다. 그런데 그때 존자 우빠쎄나의 몸에 독사가 떨어졌다. 그러자 존자 우빠쎄나는 수행자들에게 알렸다.
"벗들이여, 오십시오. 이 몸이 곧 한 줌의 왕겨처럼 흩어지기 전에 나의 몸을 침대에 올려놓고 밖으로 옮겨주십시오."
이와 같이 말하자 존자 싸리뿟따는 존자 우빠쎄나에게 말했다.
"그런데 우리는 존자 우빠쎄나의 몸에서 어떤 변화나 감각능력의 쇠퇴를 볼 수 없습니다."
그러자 우빠쎄나는 말했다.
"벗이여, 싸리뿟따여, 시각이나 청각이나 후각이나 미각이나 촉각이나 정신을 '나'라든가 '나의 것'이라고 생각하는 사람에게는 신체의 변화나 감각능력의 쇠퇴가 있을 것입니다. 싸리뿟따여, 그러나 나는 모든 감각이나 정신이 '나'라든가 '나의 것'이라고 생각하지 않습니다. 그런 나에게 어떻게 신체의 변화나 감각능력의 쇠퇴가 있겠습니까?"

싸리뿟따는 이렇게 말했다. "존자 우빠쎄나에게는 오랜 세월 동안 '나'라는 환상, '나의 것'이라는 환상이나 교만의 경향이 철저하게 뿌리 뽑혀 있었기 때문에 모든 감각이나 정신에 대해 이것이 '나'라 든가 '나의 것'이라고 생각하지 않았음이 틀림없습니다."

그래서 그들 수행승들은 우빠쎄나의 몸을 침대에 올려놓고 밖으로 옮겼다. 그러자 우빠쎄나의 몸은 곧 한 줌의 왕겨처럼 흩어졌다.

_『쌍윳따니까야』 제35쌍윳따 '우빠쎄나의 경'(요약)

우빠쎄나 존자는 동굴에서 지내다가 뱀에 물려 죽었습니다. 뱀독이 올라 온몸이 고통으로 가득해도, 이 스님은 조금도 아픈 표정이 없었습니다. 오히려 함께 있는 수행자들이 어디가 아픈지 물을 정도였습니다. 함께 동굴에 거처하던 싸리뿟따 존자가 그 까닭을 묻자, 우빠쎄나 존자는 뱀에게 물린 신체의 어떤 부분에 대해서도 '나'라거나 '나의 것'이라는 생각이 없다고 말합니다. 환상과 교만이 없이 살아가는 불제자의 진정한 모습을 여기서 발견할 수 있습니다. 우빠쎄나 존자의 말은 어떤 임종게보다 소박하지만, 깊은 감동을 줍니다.

뱀에 물려 죽어가는 동료에게 부처님의 가르침을 잘 새기고 있는지 묻는 싸리뿟따 존자와 그 물음에 대해 담담하게 자신의 깨달음을 표현하는 우빠쎄나 존자의 이야기는 깊은 감동을 줍니다.

죽음은 누구나 맞이합니다. 그러나 우리는 죽음을 앞둔 사람 앞에서는 죽음을 외면합니다. 죽음이 점차 영안실의 장례행사로 받아들여지고 있습니다. 죽음을 처리하는 과정과 방식을 보면 한 사회의 성숙도를 짐작할 수 있습니다.

뱀에 물려 죽어가는 수행자를 둘러싸고 함께 수행하는 사람들이 죽음에 대해 대화를 나누는 모습은 우리를 놀라게 합니다. 죽어가는 사람 앞에서 죽음을 당당하게 말할 수 있는 것은 삶과 죽음을 우리의 일상으로 받아들이기 때문에 가능한 일입니다.

수행을 함께 하던 비구들은 이 광경을 기억하고 경전으로 남겼습니다.

{명예}

부처님은 젊어서는 바라문이나 여러 이교도들에게서 도전이 많았으나, 나이가 드시고 명성이 널리 퍼지면서 부처님에게 신통이나 복을 기대하여 가까이 하려는 사람이 많아졌습니다. 특히 왕이나 귀족 등 정치계급(끄샤뜨리야)이나 종교계급 그리고 부유한 장자들이 많이 귀의했습니다. 다음 경전을 보면, 그런 상황에서 부처님이 어떻게 처신했는지 잘 보여주고 있습니다.

어느 때 부처님께서 꼬살라국을 유람하시다가 일사능가라라고 하는 숲 속에 머무시고 계셨다. 그때 존자 나제가는 옛날부터 일사능가라 마을에 살아왔다. 그 마을에 살고 있는 사문과 바라문들은 사문 고따마께서 일사능가라 숲 속에 머물러 계신다는 말을 듣고는, 제각기 밥 한 솥을 마련해 문 앞에 놓고 이렇게 생각하였다.
'내가 먼저 세존께 공양하리라.'
그리고 제각기 큰소리로 이렇게 외쳐댔다. 그때 세존께서 많은 사람들이 큰소리로 떠드는 것을 들으시고 존자 나제가에게 말씀하셨다.

"무슨 일로 동산 숲 속에서 많은 사람들이 큰소리로 저렇게 떠들어 대느냐?"

존자 나제가가 부처님께 대답했다.

"세존이시여, 이 일사능가라 마을의 모든 찰리(끄샤뜨리야)와 바라문과 장자들이 제각기 한 솥의 밥을 지어 동산 숲 속에 가져다놓고 저마다 '내가 먼저 세존께 공양하리라.'고 하며 외치고 있습니다. 바라옵건대 세존께서는 저들의 밥을 받아주소서."

부처님께서 나제가에게 말씀하셨다.

"나를 이롭게 하려고 생각하지 말라. 나는 이익을 구하지 않는다. 나를 칭찬하려고 생각하지 말라. 나는 칭찬을 바라지 않는다. 나제가야, 만일 여래처럼 멀리 벗어남·고요함·깨달음의 즐거움을 얻었다면, 어떻게 그런 곳에서 생기는 즐거움을 맛보거나 구하려 하겠느냐?"

_『잡아함경』 제47권 나제가경, 동국역경원(요약)

제자들이 소란한 바깥소식을 전하자 부처님은 제자들에게 수행자가 선택해야 할 즐거움이 무엇인지 말합니다. 벗어남, 고요함, 깨달음의 즐거움이 곧 수행자가 얻는 기쁨입니다. 깨달음에는 '구하지 않는 즐거움'과 '괴로워하지 않는 즐거움'이 있다는 부처님의 말씀은 참으로 심오하게 다가옵니다.

부처님의 명성이 널리 퍼지면서 부처님을 숭배하는 사람들이 생겨났습니다. 명예와 이익은 부처님의 제자들에게도 유혹이었습니다. 승단을 공양하는 사람이 많아졌기 때문입니다. 이에 따라 타락하는 비구들이 나타났습니다. 이들은 오직 재가자들에게 받을 대접에만 관심을 가지고 있었습니다. 심지어 더 좋은 대접을 받기 위해 자신을 아라한으로 높여 거짓 명예까지 탐하는 비구들까지 생겨났습니다. 부처님은 제자들을 이렇게 깨우쳤습니다.

"나제가여, 나는 많은 비구들이 좋은 밥을 먹고 나서 반듯하게 누워 씩씩거리는 모습을 보았다. 나는 그런 모습을 보고 나서 '이런 장로는 멀리 벗어남 · 고요함 · 깨달음의 즐거움인 구하지 않는 즐거움과 애쓰지 않는 즐거움을 얻지 못할 것이다.'라고 생각하였다.

또 나제가여, 나는 많은 비구들이 좋은 음식을 먹고 나서 이 동산에서 저 동산으로, 이 대중들에게서 저 대중들에게로 옮겨 다니는 것을 보았다. 나는 그것을 보고 나서 '저 장로들이 저러다가는 멀리 벗어남 · 고요함 · 깨달음의 즐거움인 구하지 않는 즐거움과 괴로워하지 않는 즐거움을 얻지 못할 것이다'라고 생각하였다."

"나제가여, 나는 또 어떤 비구가 마을에 있는 정사精舍에 살면서 명성이 있고 큰 덕이 있어서, 재물 · 의복 · 음식 · 의약과 온갖 생활에 필요한 도구를 받을 수 있는데도, 그는 뒷날 그런 이익과 마을과 평상 따위를 모두 버리고 텅 비고 조용한 곳으로 들어가

편하게 사는 것을 보았다. 나제가야, 나는 비구가 그러한 이익과 마을과 자리들을 모두 버리고 텅 비고 고요한 곳에 머무르는 것을 좋아한다. 나제가야, 비구는 마땅히 이와 같이 배워야 한다."(요약)

욕망을 버려야 한다는 말을 들으면, 우리가 혹 재미없는 삶을 살지 모른다는 두려움을 갖는 것은 아닐까요? 욕망을 참으면 손해라고 생각하는 사람에게는 수행은 괴로움을 의미합니다. 수행에서 기쁨을 얻지 못하면 결국 얻기 쉬운 감각적 쾌락에 의지하게 됩니다. 깨달음에서 즐거움을 얻지 못하면 자칫 먹는 것이나 몰려다니는 일에 즐거움을 찾는 것은 비단 옛날에만 그렇다고 할 수 없습니다. 구하지 않는 즐거움에 대한 부처님의 이 법문은 지금도 여전히 살아 있는 가르침입니다. 구하는 것은 누구나 바라지만 구하지 않는 것은 누구도 하기 어렵습니다.

당나라 때의 위대한 선사 조주 종심스님(778~897)이 스승 남전선사(748~795)에게 물은 것도 같은 주제였습니다. 남전선사의 가르침을 보면, 부처님이 말씀한 '구하지 않는 즐거움' 속에 더욱 깊은 뜻이 숨어 있음을 알 수 있습니다.

조주스님이 스승 남전선사에게 물었다.
"도道가 무엇입니까?"
"평상심이 곧 도이다."

"그렇다면 그것을 향해 닦아 나갈 수 있습니까?"

"그것을 향해 헤아리면, 어긋난다."

"그것을 향해 헤아리지 않으면, 어떻게 도를 알 수 있습니까?"

"도는 아는 데 속하지도 않고, 모르는 데 속하지도 않는다. 안다고 하는 것은 망상이요, 모른다는 것은 깜깜한 것이다. 만약 참으로 헤아리지 않는 도를 이해하면, 마치 허공과 같아서 탁 트이고 넓어진다. 어찌 억지로 옳으니 그르니 할 수 있겠는가?"

조주는 이 말에 문득 깨달았다.

_『조주록』

평상심은 구하는 마음이 있고서는 얻어질 수 없습니다. 명예나 환대뿐만 아니라 지식까지도 구하는 마음이 있어서는 모두 평상심에 어긋난다고 남전 선사는 말하고 있습니다.

조주 선사는 그 당시 지방의 왕들이 스님을 위해 큰 절을 지어주겠다고 했지만, 모두 거절했습니다. 백성들이 노역에 시달리는 것을 막고자 한 것입니다. 만년에는 겨우 밥을 지을 만한 작은 절에서 지냈습니다. 살림이 궁해 끼니를 제대로 잇지 못했지만, 신도들에게 도와달라는 편지 한 통을 보낸 적이 없었습니다. 의자 다리가 부러지자 타나 남은 부지깽이를 노끈으로 묶어 썼습니다. 누가 새 의자를 만들어 준다고 해도 허락하지 않았습니다. 오늘날 간화선을 수행하는 이들이 드는 화두 중 '개에게 불성이 없다', '뜰 앞의

잣나무', '판치생모(앞 이빨에 털이 났다)' 등 유명한 화두는 모두 조주 선사의 입에서 나온 말들입니다.

{유혹①-발우}

출가자에게는 유혹이 많습니다. 옷과 잠자리가 늘 아쉬웠으며, 먹는 것 또한 얻어먹기가 늘 수월한 것은 아니었습니다. 흉년이 들면 탁발이 어려워, 각자 헤어져 고향 마을로 가서 지내기도 했습니다. 때로 축제가 있는 날이면 숲에서 머무는 수행자 입장에서는 쓸쓸하고 외로움을 느끼기도 했습니다.

한때 어떤 밧지족의 수행승이 베쌀리시에 있는 한 우거진 숲에 머물고 있었다. 그때 베쌀리시에는 밤새 계속되는 축제가 열리고 있었다. 마침 그 수행승은 거문고와 북 등 악기가 울리는 소리를 듣고 슬퍼져서 이와 같은 시를 읊었다.

"숲 속에 버려진 나무 조각처럼 홀로 우리는 숲에서 사니
이와 같은 밤에 우리보다 비참한 사람이 누가 있을까?"

그때 그 우거진 숲에 살고 있던 하늘사람이 그 수행승을 가엾게 여겨 그를 일깨우고자 그 수행승이 있는 곳으로 찾아왔다. 가까이

다가와서 그 수행승에게 시로 말했다.

"숲 속에 버려진 나무 조각처럼 홀로 당신은 숲 속에 살지만,
많은 사람이 오히려 당신을 부러워하네.
지옥의 뭇 삶이 하늘사람을 부러워하듯."

그러자 그 수행승은 하늘사람에게 깨우침을 받고 정신을 바짝 차렸다.

_『쌍윳따니까야』 제9쌍윳따 '밧지족 사람의 경'

출가할 때의 마음가짐이야 그렇지 않겠지만, 수행자로서 살아가야 하는 매일 매일의 삶이 결코 쉽지 않을 것입니다. 어느 성직자는 그의 회고록에서, 일요일 신도들이 왁자지껄 모여 있다가 집으로 모두 돌아간 후, 홀로 있을 때의 적막감을 감당하기 힘들었다고 고백하기도 하였습니다.

부처님 당시 출가자에게는 발우가 매우 중요했습니다. 출가는 집을 떠나는 것이니 곧 소유에서 무소유를 선택한다는 것을 뜻하기도 합니다. 부처님은 출가자가 소유할 수 있는 것으로 한 벌의 옷과 발우 등 생존에 필요한 최소한의 것에 한정했습니다. 그러나 사람 사는 곳이 늘 그렇듯이 욕망이 아직 덜 꺼진 출가자가 있게 마련입니다.

출가자 중에는 발우를 가지고 사치를 하는 사람도 있었습니다. 발우에 금이나 은 칠을 한다거나 발우를 여러 개 가지고 다녔습니다. 부처님 이모의 아들 난다 비구가 옷과 발우를 화려하게 꾸미기를 좋아해서 부처님께 훈계를 받기도 했습니다.

다음은 발우의 유혹에 대해 얽힌 이야기입니다.

어느 때 부처님께서 왕사성의 많은 사람들이 다니는 넓은 벌판에 머무셨는데, 5백 비구들과 함께 계셨다. 부처님께서는 그 대중들을 위하여 설법하시면서 5백 개의 발우를 뜰에 놓아두셨다. 그리고 세존께서는 5백 비구들을 위해 물질〔色〕·느낌〔受〕·지각〔想〕· 형성〔行〕·의식〔識〕은 생겨나고 사라지는 법이라고 설명하셨다. 그때 악마 파순은 이렇게 생각하였다.

'사문 고따마가 왕사성의 많은 사람들이 다니는 넓은 벌판에 5백 비구들과 함께 있는데, 5백 비구들을 위해 물질·느낌·지각·형성·의식은 생겨나고 사라지는 법이라고 설명하고 있다. 그러니 내가 그곳에 가서 그를 어려움에 빠져들게 해야겠다.'

그렇게 생각하고 그는 큰 소로 변하여 부처님께서 계신 곳으로 나아가 5백 개의 발우 사이로 들어갔다. 그러자 모든 비구들이 그를 몰아내어 발우를 부수지 못하게 하였다.

그때 세존께서 모든 비구들에게 말씀하셨다.

"저것은 본래 소가 아니고 악마 파순인데, 너희들을 교란시키기 위해 하는 짓이다."
그리고는 곧 게송을 설하셨다.

色·受·想·行·識
이것은 모두 내(我)가 아니요 내 것도 아니다.
만일 진실한 이 이치를 분명히 알면
그런 것에 아무 집착할 게 없느니라.

마음에 집착하는 법이 없으면
모든 형상의 속박에서 벗어나리니
그 어느 것이나 뚜렷하게 깨달아
악마의 경계에 머물지 않느니라.

부처님께서 이 경을 말씀하시자, 모든 비구들은 부처님의 말씀을 듣고 기뻐하며 받들어 행하였다.
_『잡아함경』 제39권 '발우경'

부처님이 물질·느낌·지각·형성·의식은 모두 생겨나고 사라지는 것이며 내가 아니라는 법문을 가르치는 것을 보고 악마는 두려워합니다. 욕망에서 해탈하면 더 이상 악마가 세상을 지배할 수 없기 때문입니다. 악마가 이용하는 것은 다름 아닌 우리의 애착입니다. 그래서 소로 변신해서 비구들이 애착을 갖고 있는 발우를 깨뜨렸습니다. 과연 악마의 계략은 성공했습니다. 법문을 듣던 비구들은 모두 소가 일으키는 난동에 마음을 빼앗겼던 것입니다.

우리 주위에도 이와 같은 일이 비일비재합니다. 공직에 있는 사람들이 원칙보다 밥그릇에 더 신경을 더 쓰거나, 봉사자가 봉사보다 세속적인 명예에 더 몰두하는 것도 비슷한 예라고 할 수 있습니다. 무상과 무아의 가르침은 집착이 있는 한 받아들이기 어려운 진리임을 이 경전 속의 사건이 잘 보여줍니다.

{유혹 ② - 비구와 비구니}

부처님에게 출가한 수행자는 가족을 떠난 만큼 죽을 때까지 독신으로 지냈습니다. 그러나 수행자들이 탁발을 하고 살았던 만큼 마을을 드나드는 일을 피할 수 없었습니다. 마을에 드나드는 수행자를 보고 사람들이 출가자를 유혹하는 일도 있었습니다. 출가자들은 마을 밖 숲 속에서 선정을 했지만, 이곳도 인적이 드문 만큼 유혹의 손길이 있었습니다. 초기 경전은 특히 비구니에게 유혹이 많았던 사실을 전합니다. 그러나 많은 출가자들이 그 유혹을 이겨내고 마음의 해탈을 성취했습니다. 다음은 출가자들의 수행 이야기입니다.

소마 비구니

소마 비구니는 어느 날 사위성에 들어가 걸식을 하고 나서 돌아와 가사와 발우를 챙겨두고 발을 씻은 뒤에, 숲에 들어가 좌선하고 있었다.
그때 악마 파순이 용모가 단정한 젊은이로 변하여 그 비구니가 있는 곳으로 가서 물었다.

"여자여, 어디로 가려고 하는가?"
비구니가 대답하였다.
"현자여, 인가에서 멀리 떨어진 곳으로 가려고 한다."
그때 악마 파순이 곧 게송으로 말하였다.

신선들이 머무르고 있는 곳
그곳은 매우 얻기 어려운 곳으로서
두 손가락 정도의 지혜(보잘 것 없는 지혜)로써는
능히 그곳에 이를 수 없느니라.

그때 소마 비구니가 악마임을 알고 게송으로 말하였다.

마음이 선정에 들어 있거니
여자의 몸이라고 무슨 상관이리.
만일 혹 지혜가 생기고 나면
위없는 진리를 얻을 수 있으리라.
만일 남자니 여자니 하는 생각
그것을 마음에서 모두 여의지 못하면
그는 곧 악마의 말을 따르는 것이니
너는 마땅히 그에게 가서 말하라.

일체의 괴로움을 여의고

일체의 어둠을 저버리고

모두 사라짐을 몸으로 증득하면

온갖 번뇌가 다하여 편안히 살리라.

나는 네가 악마인 줄 깨달아 알았으니

즉시 스스로 사라져 없어지거라.

_『잡아함경』 제45권 '소마경', 동국역경원

우파차라 비구니

악마가 용모가 단정한 젊은이로 변하여 우파차라 비구니의 앞에 가서 게송으로 말하였다.

삼십삼천과

염마천과 도솔타천과

화락천과 타자재천은

서원만 세우면 거기 가서 태어나리라.

그때 우파차라 비구니는 악마가 어지럽히려는 것임을 깨달아 알고 는 곧 게송으로 말하였다.

삼십삼천 하늘과

염마천과 도솔타천과
화락천과 타자재천
이런 모든 하늘들은
번뇌의 행실을 여의지 못했으니
그러므로 악마가 마음대로 하느니라.

일체 모든 세간은
모두가 온갖 행의 무더기이고
일체 모든 세간은
모두 다 흔들리는 법이다.
일체 모든 세간은
괴로움의 불꽃이 항상 타오르고
일체 모든 세간은
모두 다 연기와 먼지가 일어난다.

『잡아함경』 제45권 '우파차라경'

시리사차라 비구니

악마 파순이 용모가 단정한 젊은이로 변하여 시리사차라 비구니의 앞에 가서 이렇게 말하였다.

"여자여, 그대는 어떤 도를 좋아하는가?"

시리사차라가 대답하였다.

"나는 아무것도 좋아하는 것이 없다."

그때 악마 파순이 곧 게송으로 말하였다.

그대는 누구의 자문을 받아
머리를 깎고 사문이 되어
몸에는 가사를 입고
출가한 사람의 모습을 하고서
온갖 다른 도는 즐기지 않고
어리석음을 지키며 살아가는가?

그때 시리사차라 비구니는 이는 틀림없이 악마 파순이 자기를 어지럽히려는 것이라고 깨달아 알고는 곧 게송으로 말하였다.

이 법 밖의 모든 다른 도
그것은 모든 소견에 얽매이게 되나니
모든 소견에 얽매인 뒤에는
언제나 악마가 마음대로 하게 된다.

만일 석씨 종족의 가문에 태어나신

비교할 데 없는 스승의 가르침을 받으면
모든 악마 원수를 항복받을 수 있고
그들에게 항복하지 않게 되리라.

그는 곧 나의 큰 스승으로서
나는 오직 그 법만을 좋아한다오.
내가 그 법에 들어가고 나서야
번뇌를 멀리 여의고 적멸을 얻었노라.
_『잡아함경』 제45권 '시리사차라경'

아난 존자

비구 중에는 아난 존자가 용모가 출중했다고 합니다. 아난 존자는 비구니 처소에서 법을 많이 설하신 분입니다. 법문을 듣는 비구니 중에 아난 존자에게 연정을 품은 비구니가 있었습니다. 노골적으로 연정을 표현하는 비구니에게 아난 존자가 어떻게 행동을 했는지, 다음 경전은 수행자의 모습을 생생하게 보여줍니다. 흔히 아난 존자는 유혹에 약한 철없는 사람으로 알려져 있습니다. 그러나 다음 이야기는 전혀 다른 아난 비구의 모습을 보여줍니다.

어느 때 부처님께서는 사위국 기수급고독원에 계셨는데, 존자 아난도 그곳에 머물고 있었다. 그때 어떤 비구니가 존자 아난의

처소에서 지내며 물들어 집착하는 마음을 일으키고는 사람을 보내 존자 아난에게 이런 말을 전하게 하였다.

"제가 몸에 병이 들어 앓고 있습니다. 존자께서 가엾게 여기시어 살펴봐 주십시오."

존자 아난은 이른 아침에, 옷을 입고 발우를 가지고 그 비구니의 처소로 갔다. 그 비구니는 멀리서 존자 아난이 오는 것을 보고 벌거벗은 채 평상 위에 누워 있었다. 존자 아난은 멀리서 그 비구니의 몸을 보고 곧 모든 감각기관을 추스르며 몸을 돌려 등진 채 서 있었다.

그 비구니는 존자 아난이 모든 감각기관을 추스르고 몸을 돌려 등진 채 서 있는 것을 보고 그만 부끄러워, 일어나 옷을 입고 자리를 펴고 나가 존자 아난을 맞아들여 앉기를 청하고, 머리를 조아려 그 발에 예배하고 한쪽에 물러나 서 있었다.

상황이 진정되자 아난 비구는 그 비구니에게 설법을 합니다. "음식을 먹는 것은 오직 진리를 얻기 위함이며, 몸을 잘 가꾸기 위해서가 아니다. 수행자는 오직 교만과 탐욕을 버리고 해탈의 길에 힘써야 한다."고 가르쳤습니다. 그러자 그 비구니는 아난 존자에게 다음과 같이 참회했습니다.

"저는 이제 잘못을 고백하고 참회합니다. 어리석고 착하지 못해 어쩌다 이와 같은 씻지 못할 종류의 일을 저지르고 말았습니다. 이제 존자 아난이 계신 곳에서, 스스로 잘못을 보고 스스로 잘못을 알아 고백하고 참회하오니 가엾게 여겨 주십시오."

존자 아난이 비구니에게 말했다.

"당신은 이제 진실로 스스로 죄를 보고 스스로 죄를 알았구려. 나는 이제 가엾게 여겨 그대의 잘못에 대한 참회를 받아들이겠소. 그리고 그대로 하여금 착한 법이 더욱 자라나 결코 물러나거나 멸하지 않게 하겠소. 왜냐하면, 만일 스스로 죄를 보고 스스로 죄를 알아 능히 잘못을 참회하는 사람은 미래 세상에서 구족계를 얻고, 착한 법이 더욱 자라나 결코 물러나거나 멸하지 않을 것이기 때문이오."

존자 아난은 이렇게 그 비구니를 위해 갖가지로 설법하여, 가르쳐 보이고 기뻐하게 한 뒤에, 자리에서 일어나 떠나갔다.

_『잡아함경』 21권 비구니경(요약)

부처님의 교단이 세상의 존경을 받으며 오랜 세월 이어올 수 있었던 것은 이렇게 청정한 수행과 참회의 전통이 있었기 때문입니다. 잘못을 범한 상대방에게 자비와 연민을 베푸는 것은 불교의 오랜 전통입니다.

{신발}

경전을 보면 부처님은 늘 밤늦게까지 밖에서 경행을 했습니다. 경행은 사색에 잠겨 산책하는 것을 말합니다. 부처님은 승원 안에서 신발을 신지 않은 채 경행하셨습니다. 스승께서 맨발로 경행하고 있는 것을 본 장로 비구들은 자신들도 맨발로 경행을 했습니다. 그런데 몇몇 비구들은 이것을 보고도 신발을 신은 채 경행을 했습니다. 이 모습을 본 장로 비구들은 이 사정을 부처님께 말했습니다. 세존께서는 그 비구들을 질책하며 이렇게 말했습니다.

"비구들이여, 어찌하여 그 어리석은 자들은 스승과 장로 비구들이 신발을 신지 않고 경행을 하고 있는데, 자신들은 신발을 신고 경행할 수 있단 말이냐? 실로 흰 옷을 입은 재가자들조차도 비록 살기 위해 기술과 직업을 지니고 있지만, 자신들의 스승을 존중하고 순종하고 예의를 갖춘다."

_『마하박가』 제5편 '신발', 최봉수 역

부처님은 비구들에게 자기를 교육시킨 장로 비구나 스승이 되는 비구가 맨발로 경행하고 있을 때는 누구도 신발을 신고 경행해서는 안 된다고 말하고, 이것을 어기면 악작을 범하는 것이라고 정했습니다. 악작惡作은 반성하거나 참회하면 벗어나는 가벼운 범계를 뜻합니다.

그런데 어느 날 부처님은 한 비구가 맨발로 대 소변 위를 거니는 것을 보았습니다. 비구들에게 그 연유를 묻자, 발바닥에 병이 나 치료하려고 비구들이 그렇게 시키고 있었습니다. 병이 나도 신발을 신지 못하는 규칙 때문에 이렇게 치료를 하게 된 것입니다. 이것을 본 부처님은 발이 아프거나 발을 다치거나 발바닥에 병이 난 비구는 신발을 신어도 좋다고 규칙을 추가로 정했습니다.

한편, 맨발로 다니다 보니 의자나 침상 또는 옷이 더러워지는 일이 일어났습니다. 그래서 부처님은 의자나 침상에 올라가려는 자는 신발을 신어도 좋다고 규칙을 추가로 정했습니다. 그러다 비구들이 밤에 나무의 그루터기나 가시 등을 밟아 발을 다쳐 괴로워하는 일이 일어났습니다. 그러자 부처님은 이들에게 가르침을 베푼 후에 이렇게 규칙을 새로 정했습니다.

"승원 안에서 신발을 신고, 횃불이나 등불, 지팡이를 지녀도 된다."

부처님은 계율을 매우 중요하게 여겼습니다. 당시 출가자들은 늘 걸식을 해서 먹고 살았고, 이 음식은 재가자들이 주기 때문에 계율을 잘 지키는 것은 승단이 존경을 얻는 일일 뿐만 아니라 출가자들이 목숨을 유지하는 데 절대적인 요청사항이었습니다. 아무개 제자들이 계율을 어기고 다닌다는 소문이 돌면 사람들이 공양을 거부했던 것입니다.

하지만 계율이 늘 긍정적인 효과만 가져오는 것은 아니었습니다. 계율을 정해 여러 출가자들이 지키다보면 현실과 갈등을 일으키는 일이 빈번하게 발생했습니다.

한 번은 버릇없는 비구들이 나무로 만든 신을 신고 새벽부터 잡담을 하며 승원 안을 돌아다녔습니다. 그들이 하는 이야기는 주로 왕 이야기, 도둑 이야기, 마실 것과 옷 또는 잠자리 이야기, 전쟁 이야기, 마을 이야기, 도시 이야기, 여자나 남자 또는 영웅에 대한 이야기, 조상이나 세상 이야기나 바다 이야기 등이었습니다. 이들이 떠드는 소리는 삼매에 든 비구들을 방해하고 심지어 나무 신발을 신고 다니느라 곤충들을 밟아 죽이는 일도 허다했습니다. 그래서 부처님은 잡담을 금했을 뿐만 아니라 나무 신발을 신는 것을 금지했습니다.

품행이 좋지 않은 비구들은 이번에는 어린 탈라나무의 싹을 잘라서 그 잎으로 신발을 만들어 신고 다녔습니다. 그리고 어린 나무들의 싹을 자르는 바람에 일찍 나무가 시들어 버리는 일이 일어났습니다. 이것을 본 사람들이 부처님의 제자들이 잔인한 짓을 한다고 비난했습니다. 부처님은 이 사실을 확인하고서는 탈라나무

잎으로 만든 신발을 신어서는 안 된다고 규칙을 정했습니다. 그러자 생각이 없는 비구들은 규칙을 피하느라 대나무나 다른 종류의 풀로 신발을 만들거나 심지어 양털 신발을 만들어 신었습니다. 부처님은 이들에게 가르침을 설하며, 지혜와 삼매에 집중할 것을 당부했습니다. 그리고 대변과 소변에 쓰는 신발과 세탁하는 것에 쓰는 세 종류의 신발만을 허용했습니다.

부처님은 위에서 본 것처럼 늘 재가자나 출가자들의 형편에 따라 현실에 맞게 합리적으로 계율을 고쳐나갔습니다. 그러자 비구들은 어떤 상황에 처할 때마다 망설이는 일이 생겼습니다. 즉 이렇게 하면 부처님이 정한 규정에 맞는지, 또는 이렇게 하면 안 된다고 규정한 것은 아닌지 혼돈에 빠지는 일이 일어난 것입니다. 아무리 규칙을 세밀하게 정했더라도 현실은 끊임없이 새로운 변화가 일어나는 곳입니다. 해서 과거의 규칙으로 새로운 현실을 규정하는 데에는 한계가 있을 수밖에 없습니다. 비구들이 이 사정을 고하자 부처님은 다음 법문을 베풀었습니다.

"비구들이여,
①'이것은 옳지 않다.'고 금지시키지 않았다고 해도, 그것을 그대들이 옳지 않고 적절하지 않다고 여기고, 그것을 적절한 일로 볼 수 없다면, 그것은 그대들에게 적절하지 않은 것이다.

② '이것은 옳지 않다.'고 금지시키지 않았다고 해도, 그것을 적절한 일로 여기고, 적절한 일로 볼 수 있다면, 그것은 그대들에게 적절한 것이다.

③ '이것은 적절하다.'고 허용하지 않았다고 해도, 그것을 적절하지 않은 일로 여기고, 적절한 일로 볼 수 없다면, 그것은 그대들에게 적절하지 않은 것이다.

④ '이것은 적절하다.'고 허용하지 않았다고 해도, 그것을 적절한 일로 여기고, 적절한 일로 볼 수 있다면, 그것은 그대들에게 적절한 것이다."

_『마하박가』 제6편 '적절한 일'(요약), 최봉수 역

다소 말하는 형식이 어렵지만, 그 요점은 이렇게 볼 수 있습니다. 부처님이 정한 규칙 안에서 '옳지 않다'고 금하지 않았더라도 뭐든지 다 할 수 있다는 뜻은 아닙니다. 즉, 금지사항에 없더라도 출가자의 도리로 보아 옳지 않고 적절하지 않다고 보이면, 그렇게 하지 말아야 하며, 출가자들에게 옳고 적절한 일로 보이면 그렇게 판단하여 행동하라는 뜻입니다. 마찬가지로 어떤 행동을 적절하다고 허용하지 않았다고 해도 무조건 하지 말 것이 아니라, 적절한 일로 보이지 않으면 하지 말아야 하고, 적절한 일로 보이면 그 행동을 허용할 수 있다는 뜻입니다. 부처님의 가르침을 새겨보면, 그때 그때의 상황과 출가자의 도리를 보아 판단하라는 뜻으로 볼 수 있습니다.

사실 위에서 볼 수 있듯이, 부처님이 계율을 정하는 과정이 바로 이 원칙 그대로 이루어진 것이라고 할 수 있습니다. 그러기 위해서는 무엇보다 현실의 변화와 상황을 올바로 판단할 높은 지성과 식견이 요구됩니다.

과연 상황과 현실의 변화를 보며 지성과 식견으로 새로운 규칙을 정하는 것이 쉬운 일일까요? 오히려 상황이나 현실에 관계없이 이미 정해진 규칙을 그대로 따르고 싶은 것이 일반적인 경향이나 유혹이 아닐까요? 부처님이 열반한 후, 승단에는 여러 차례에 걸쳐 분열이 일어났습니다. 이 분열은 모두 계율에 대한 이견에서 비롯되었다고 해도 과언이 아닙니다.

오늘날 어느 종교단체나 전통적으로 내려오는 규칙과 현실 사이의 괴리로 갈등이 일어나는 것을 자주 볼 수 있습니다. 거기에는 늘 옛것을 지키자는 의견과 새롭게 혁신해야 한다는 의견이 대립하고 있습니다. 예부터 정해진 규칙을 그대로 지키면 우선 집단 내부의 갈등이 일어나지 않습니다. 그래서 집단의 단결이 용이해집니다. 집단의 단결에 대한 욕망이 현실의 혼란을 외면하게 만들기도 합니다.

몇 년 전 방한한 베트남 출신 틱낫한 스님은 티브이를 보는 것이나 자동차를 타는 것 등에 대해 새로운 규칙을 정하자고 제안했습니다. 부처님이 세상에 계실 때에는 지금처럼 복잡한 사회구조가 아니었습니다. 담배·티브이·컴퓨터게임·오락 등이 없었으며 음식도 지금처럼 복잡하지 않았습니다. 채식인지 육식인지 판가름하기 힘든 가공식품도 물론 없었습니다.

부처님은 열반에 들면서 사소한 계율을 모두 폐기하라고 말했습니다. 말하지 않은 계율에 대해서는 수행자의 식견과 지성으로 판단할 것을 당부한 부처님은 이미 정한 규칙에 대해서도 사소한 계는 모두 없애라고 유언했던 것입니다. 그러나 역사적으로 보면, 승단은 부처님의 유언을 지키지 않았습니다. 가섭은 아난 존자에게 구체적으로 어떤 조항을 폐기하라고 했는지 따졌습니다. 그러자 아난 존자는 부처님의 열반을 당해 마음이 혼란스러워 미처 묻지 못했다고 대답합니다.

{가섭}: 그대는 부처님께 어떠한 것이 사소한 계인가를 여쭙지 않아서 악작惡作 죄를 범했으니 이제 참회해야 하오.
{아난}: 제가 고의로 한 것이 아니라 그때에 제가 근심 걱정이 있어 마음 둘 바를 몰라 실수를 하여서 부처님께 어떠한 것이 사소한 계인가를 묻지 않았을 뿐입니다. 그래서 저는 여기에 대하여 죄가 있다고 보지 않습니다. 그러나 대덕을 믿는 까닭에 지금 참회는 하겠습니다.
— 『율부 4분율』 '계법을 모은 5백사람 품', 동국역경원

부처님의 말씀을 곰곰이 생각해보면, 사소한 계율을 폐기하고

현실에 맞게 계율을 새로 정하라는 것은 출가자들이 스스로 새로운 상황을 자율적으로 고려해서 판단하라는 뜻입니다. 이 말은 과거 어느 계율을 어떻게 폐기하라는 뜻과는 다른 말입니다. 다시 말해 소소한 계율을 폐기하라는 말을 가지고 어느 계율을 없애라는 뜻이냐고 묻는 것은 올바른 질문이라고 할 수 없습니다. 가섭의 물음은 이미 기존 계율을 모두 고수하려는 의도에서 나온 질문이 아닌가 생각하게 됩니다. 물론 가섭 존자 입장은 분열의 기미를 안고 있는 승가의 단합을 지키려는 충정에서 나왔다고 볼 수 있습니다. 승단의 분열을 막는 일과 계율에 대한 부처님의 유언을 지키는 일 중 어느 것이 더 급한 것인지는 지금으로서도 판단하기 어려운 일입니다.

현실의 변화는 과거의 인식으로는 설명할 수 없습니다. 역사는 미래가 과거의 단순한 반복이 아님을 보여줍니다. 과거의 인식이나 계율로 다양하게 변하는 현실의 당위를 결정하기는 불가능합니다. 부처님은 이미 기존 계율로 새로운 현실의 갈등을 다 해결하지 못할 것을 예견하고 수행자 스스로 판단해서 행동해야 한다고 말했던 것입니다. 현실은 전혀 예측하기 어려운 방향으로 갈 수도 있기 때문에 새로운 판단을 하는 것은 때로는 분열과 혼란을 초래할 수도 있습니다. 그러나 분열과 혼란은 늘 현실에 살아 움직이는 사람의 몫입니다. 분열과 혼란을 무서워해서는 새로운 현실에서 무엇을 해야 하는지 방향을 정할 수 없습니다. 현실을 보기를 거부하는 사람에게서 볼 수 있는 공통점은 현실의 고통에 대한 연민이 없다는 사실입니다. 계율에 대한 집착은 수행자를 묶는 결박 중 하나라고 부처님은 가르쳤습니다.

부처님이 규칙을 정하는 과정을 보면, 적절한지 아니면 적절하지 않은지 판단하기에 앞서 먼저 현실을 합리적으로 관찰하고 거기에서 지혜와 자비로 규칙을 정한 것을 볼 수 있습니다. 다음 이야기를 보면 부처님의 뜻을 좀더 분명하게 이해할 수 있습니다.

한때 승단의 보관소에 법의를 만드는 재료가 넘친 일이 있었습니다. 과거 불교가 알려지기 전에는 신도들이 많지 않아 모든 것이 부족했습니다. 그러므로 법의를 만드는 재료가 넘치는 일은 일찍이 없었던 일이었습니다. 부처님께서 법문을 베푸신 뒤에 비구들에게 승단이 모두 모인 자리에서 이 물품을 분배해도 좋다고 했습니다. 그러자 모든 비구들이 법의를 만드는 재료를 분배하느라 소동이 벌어졌습니다. 이렇게 새로운 상황은 언제나 혼동이 일어날 가능성이 있습니다. 부처님이 계신 때라고 예외는 아니었던 것입니다. 그러나 혼동이 무서워 물품을 쌓아놓는 것은 부처님의 뜻이 아닙니다. 이 사정을 들은 부처님은 이렇게 말씀했습니다.

"승단의 동의 아래 다섯 가지를 갖춘 비구를 법의를 분배하는 사람으로 결정해도 좋다. 다섯 가지를 갖춘 비구란 어떤 자인가?

그는 욕심의 길을 따르지 않는 자, 분노의 길을 따르지 않는 자, 어리석음의 길을 따르지 않는 자, 두려움의 길을 따르지 않는 자, 분배된 것과 분배되지 않는 것을 아는 자이다."

_『마하박가』 제8편 '법의 보관소', 최봉수 역

부처님은 무엇보다 욕망과 분노와 어리석음과 두려움에서 벗어난 수행자가 이 일을 해야 한다고 말합니다. 특히 탐욕과 분노와 어리석음 외에 두려움을 하나 더 말씀한 것은 그 뜻이 매우 깊어 보입니다. 두려움이 있는 자는 새로운 상황을 외면하기 쉽기 때문입니다. 마지막으로 분배된 것과 분배되지 않은 것을 분별할 수 있는 능력을 갖춘 사람이 법의를 분배할 수 있다고 말합니다. 공평하게 나누기 위하기 위해서는 판단능력이 필요하기 때문일 것입니다.

계율은 현실의 변화에 따라 새로워져야 합니다. 그러나 단순한 토론으로 새로운 규칙을 결정하는 것은 불교적이라고 할 수 없습니다. 새로운 규칙을 만들고 실천하기 위해서는 무엇보다 먼저 탐욕·성냄·어리석음과 두려움이 없는 길을 닦는 수행의 덕이 있어야 하며, 나아가 현실을 관찰하는 식견이 필요하다고 부처님은 가르쳤습니다.

{비구들의 자살}

부처님은 제자들이 몸에 대한 탐욕을 물리치도록 많은 설법을 했습니다. 이를 위해 이 몸을 더러운 것으로 보는 부정관不淨觀을 가르쳤습니다. 이 부정관은 몸에 대한 탐욕을 없애고 남을 업신여기는 교만을 없애기 위한 관법입니다.

부정관의 전형적인 가르침은 『숫타니파타』에 잘 나타나 있습니다.

혹은 거닐고, 혹은 서고, 혹은 앉고, 혹은 눕거나 몸을 구부리고, 혹은 편다. 이것이 몸의 동작이다.
몸은 뼈와 힘줄로 엮어 있고, 내피內皮와 살로 덧붙여지고 피부로 덮여져 있어, 있는 그대로 보이지 않는다. 그것은 내장과 위, 간장의 덩어리, 방광, 심장, 폐장, 신장, 비장으로 가득 차 있다. 콧물, 점액, 진물, 지방, 피, 관절액, 담즙, 임파액으로 가득 차 있다.
또 그 아홉 구멍에서는, 항상 더러운 것이 나온다. 눈에서는 눈꼽, 귀에서는 귀지가 나온다. 코에서는 콧물이 나오고, 입에서는 한꺼번에 담즙이나 가래를 토해내고 몸에서는 땀과 때를 배설한다.

또 그 머리는 빈곳이 있고 뇌수로 차 있다.

그런데 어리석은 사람들은 무명에 이끌려 그러한 몸을 아름다운 것으로 여긴다.

또 죽어서 몸이 쓰러졌을 때에는 부어서 검푸르게 되고, 무덤에 버려져 친척도 그것을 돌보지 않는다. 개나 여우, 늑대들, 벌레들이 파먹고, 까마귀나 독수리나 다른 생물이 있어 삼킨다.

이 세상에서 지혜로운 수행승은, 깨달은 님의 말씀을 듣고 그것을 분명히 이해한다. 왜냐 하면, 그는 있는 그대로 보기 때문이다. 인간의 이 몸뚱이는 부정하고 악취를 풍기어, 가꾸어지더라도 온갖 오물이 가득 차 여기저기서 흘러나오고 있다. 이런 몸뚱이를 가지고 있으면서, 생각하건대 거만하거나 남을 업신여긴다면, 통찰이 없는 것이 아니고 무엇이겠는가?

_『숫타니파타』 '승리의 경', 전재성 역(요약)

욕망을 쉬게 하는 데 이 부정관만한 것이 없습니다. 이 부정관으로 많은 제자들이 자신에 대한 집착이나 오만을 버리고 깨달음을 얻었습니다. 그러나 이 부정관은 세월이 흐르며 다른 부작용을 일으켰습니다. 부정관을 통해 자신을 진지하게 사색하기보다, 부정관 자체를 감정적으로 받아들여 자살하는 제자들이 생겨났던 것입니다. 『쌍윳따니까야』에 이러한 상황이 잘 나타나 있습니다.

한때 세존께서 베쌀리 시의 마하 숲에 있는 꾸따가라 강당에 계셨다. 그때 세존께서는 많은 수행승의 무리와 함께 부정不淨에 관한 다양한 주제로 이야기하시며 부정에 관해 찬탄을 하시고 부정에 관한 수행에 대하여 찬탄하셨다. 그리고 세존께서는 수행승들에게 말씀하셨다.

"수행승들이여, 나는 보름 동안 홀로 앉아 고요히 지내며 명상하고자 한다. 한 사람이 발우에 음식을 운반하는 것을 제외하고는 아무도 이곳에 접근해서는 안 된다."

"세존이시여, 알겠습니다."

그 수행승들은 세존께 대답하고 한 사람이 발우에 음식을 운반하는 것을 제외하고는 아무도 그곳에 접근하지 않았다. 그리고 그 수행승들은 '세존께서는 여러 가지 부정에 관한 주제를 말씀하시고, 부정을 찬탄하시고, 부정에 대한 수행을 찬탄하셨다.'라고 다양한 형태의 차별을 지닌 부정에 대한 수행을 닦으며 지냈다. 그들은 몸을 수치스럽고 부끄럽고 혐오스러워하여 자결하려 했다. 하루에 열 명의 수행승이 자결하고 하루에 스무 명의 수행승이 자결하고 하루에 서른 명의 수행승이 자결했다.

보름이 지나 세존께서 수행을 마치고는 아난존자에게 그간의 일을 물었습니다. 아난존자는 그간 있었던 일을 보고하고 자살을 막도록 새로운 수행방법을 부처님께 간청합니다. 계속 이어집니다.

"아난다여, 그렇다면 베쌀리 시 근처에 사는 모든 수행승들을 강당에 모이게 하라."

존자 아난다는 베쌀리 시 근처에 사는 모든 수행승들을 강당에 모이게 하였다. 세존께서는 강당으로 가서 수행승들에게 말씀하셨다.

"수행승들이여, 호흡새김에 의한 집중을 닦고 호흡새김에 의한 집중을 익히면, 고요하고 훌륭한 감로수를 마시는 것과 같은 지극한 행복에 들어, 악하고 불건전한 현상이 생겨날 때마다 즉시 사라지게 하고 그치게 한다.

수행승들이여, 예를 들어 한여름의 마지막 달에 먼지와 진흙이 흩날릴 때, 때 아닌 때의 커다란 비구름이 몰아닥치면, 그것들을 홀연히 사라지게 하고 그치게 한다.

수행승들이여, 호흡새김에 의한 집중을 닦고 호흡새김에 의한 집중을 익히면, 어떻게 훌륭한 감로수를 마시는 것과 같은 지극한 행복에 들어, 악하고 불건전한 현상이 생겨날 때마다 즉시 그것을 사라지게 하고 그치게 하는가?

 수행승들이여, 여기 수행승이 숲으로 가고 나무 밑으로 가고 빈 집으로 가서 앉아 가부좌를 한 채 몸을 곧게 세우고 주의를 기울이며 새김을 확립하고, 진실로 새김을 확립하여 숨을 들이쉬고 새김을 확립하여 숨을 내쉰다.

① 길게 숨을 들이쉴 때는 나는 길게 숨을 들이쉰다고 분명히

알고, 길게 숨을 내쉴 때는 나는 길게 숨을 내쉰다고 분명히 안다.
②짧게 숨을 들이쉴 때는 나는 짧게 숨을 들이쉰다고 분명히
알고, 짧게 숨을 내쉴 때는 나는 짧게 숨을 내쉰다고 분명히 안다.
③신체의 전신을 경험하면서 나는 숨을 들이쉰다고 전념하고,
신체의 전신을 경험하면서 나는 숨을 내쉰다고 전념한다.
④신체의 형성을 그치면서 나는 숨을 들이쉰다고 전념하고, 신체
의 형성을 그치면서 나는 숨을 내쉰다고 전념한다.
⑤희열을 경험하면서 나는 숨을 들이쉰다고 전념하고, 희열을
경험하면서 나는 숨을 내쉰다고 전념한다.
⑥행복을 경험하면서 나는 숨을 들이쉰다고 전념하고, 행복을
경험하면서 나는 숨을 내쉰다고 전념한다.
⑦마음의 형성을 경험하면서 나는 숨을 들이쉰다고 전념하고,
마음의 형성을 경험하면서 나는 숨을 내쉰다고 전념한다.
⑧마음의 형성을 그치면서 나는 숨을 들이쉰다고 전념하고, 마음
의 형성을 그치면서 나는 숨을 내쉰다고 전념한다.
⑨마음을 경험하면서 나는 숨을 들이쉰다고 전념하고, 마음을
경험하면서 나는 숨을 내쉰다고 전념한다.
⑩마음을 기쁘게 하면서 나는 숨을 들이쉰다고 전념하고, 마음을
기쁘게 하면서 나는 숨을 내쉰다고 전념한다.
⑪마음을 집중시키면서 나는 숨을 들이쉰다고 전념하고, 마음을
집중시키면서 나는 숨을 내쉰다고 전념한다.

⑫ 마음을 해탈시키면서 나는 숨을 들이쉰다고 전념하고, 마음을 해탈시키면서 나는 숨을 내쉰다고 전념한다.

⑬ 무상함을 관찰하면서 나는 숨을 들이쉰다고 전념하고, 무상함을 관찰하면서 나는 숨을 내쉰다고 전념한다.

⑭ 사라짐을 관찰하면서 나는 숨을 들이쉰다고 전념하고, 사라짐을 관찰하면서 나는 숨을 내쉰다고 전념한다.

⑮ 소멸함을 관찰하면서 나는 숨을 들이쉰다고 전념하고, 소멸함을 관찰하면서 나는 숨을 내쉰다고 전념한다.

⑯ 완전히 버림을 관찰하면서 나는 숨을 들이쉰다고 전념하고, 완전히 버림을 관찰하면서 나는 숨을 내쉰다고 전념한다.

수행승들이여, 이와 같이 호흡새김에 의한 집중을 닦고 호흡새김에 의한 집중을 익히면, 고요하고 훌륭한 감로수를 마시는 것과 같은 지극한 행복에 들어, 악하고 불건전한 현상이 생겨날 때마다 즉시 그것을 사라지게 하고 그치게 한다."

_『쌍윳따니까야』 제54쌍윳다 '베쌀리의 경', 전재성 역

위 경전을 보면, 호흡을 동반한 사념처 수행은 부정관 수행보다 늦게 나타난 수행입니다. 이 가르침은 우선 숨을 쉬는 것을 관찰하도록 합니다. 이렇게 마음을 가라앉힌 후 무상과 고를 깨닫고 마음이 고요해지는 데 이르도록 합니다. 이 법문이 곧 호흡명상을 동반한 사념처 법문입니다. 사념처는 신(몸) · 수(느낌) · 심(마음) · 법(가

르침) 등 네 가지를 관찰하는 수행입니다. 호흡 관찰을 동반한 사념처 수행은 헐떡임을 가라앉힌 다음 평정과 기쁨을 얻게 하고, 나아가 무상·고·무아의 진리를 사유하도록 이끌어주는 수행방법입니다.

이 경전을 보며 놀라게 되는 것은 부처님의 세심한 배려 때문이 아니라 교리에 대한 부처님의 유연한 태도 때문입니다. 부정관을 통해 이미 많은 수행자들이 깨우침을 얻었지만, 부처님은 이 수행만 고집하지 않고 상황에 맞게 새로운 수행을 찾아냈습니다. 제자들의 삐뚤어진 수행을 탓하지 않고 자신의 가르침을 바꾼 것은 현실을 외면하지 않기 때문입니다.

수행의 목적은 욕망과 집착을 이해하고 무상과 무아를 깨닫는 데 있습니다. 그러므로 호흡명상을 통해 신통력을 구하거나, 호흡 수행 자체를 최고의 수행으로 주장하는 것은 부처님의 뜻이라고 할 수 없습니다. 새로운 수행방법을 고안하는 것은 상황에 맞게 수행자들을 이끌어주려는 자비에서 출발합니다. 수행의 우열을 논하며 한 가지 수행을 고집하는 것은 현실을 외면하기 때문입니다. 위에서 보는 것처럼 자비심은 현실을 이해할 때 일어납니다.

{서로 다른 관심}

부처님은 늘 제자들이 8정도를 실천하며 성냄과 분노에서 벗어나기를 가르쳤습니다. 그러나 당시 수행자들은 탐욕과 분노에서 자유를 얻기보다, 죽으면 어느 곳에 태어나는지 알고 싶어 했습니다. 이처럼 부처님의 뜻과 제자들의 관심이 서로 달랐습니다.

다음 경전을 보면 그 상황을 잘 보여줍니다.

어느 때 부처님께서는 나리가라는 마을에 있는 번기가 정사에 계셨다.

그때 나리가 마을에서는 많은 사람이 죽었다. 당시 많은 비구들이 나리가 마을에 들어가 걸식하는 동안 계가사 우바새가 목숨을 마쳤고, 니가타·가릉가라·가다리사바·사로·우바사로·이색타·아리색타·발타라·수발타라·야사야수타·야사울다라 등이 모두 목숨을 마쳤다는 말을 들었다. 그들은 그것을 들은 뒤에 정사로 돌아와 가사와 발우를 챙겨두고 발을 씻은 뒤에 부처님께서 계신 곳으로 나아가 부처님의 발에 머리 조아리고는 한쪽에 물러앉아 부처님께 말씀드렸다.

"세존이시여, 저희 비구들이 이른 아침에 나리가 마을에 들어가서 걸식하였는데, 거기에서 계가사 우바새 등이 목숨을 마쳤다는 말을 들었습니다. 세존이시여, 저들은 목숨을 마치고 나서 어느 곳에 태어났습니까?"

부처님께서 모든 비구들에게 말씀하셨다.

"저 계가사 등은 이미 다섯 가지 낮은 단계의 결박을 끊고 아나함이 되어 천상에서 반열반했으니, 다시는 이 세상에 도로 태어나지 않을 것이다."

모든 비구들이 부처님께 말씀드렸다.

"세존이시여, 다시 250명이 넘는 우바새가 목숨을 마쳤고, 또 500명의 우바새가 이 나리가 마을에서 목숨을 마쳤습니다. 그들도 다 다섯 가지 낮은 단계의 결박을 끊고 아나함이 되어, 천상에서 반열반하여 다시는 이 세상에 도로 태어나지 않겠습니까?

다시 250명이 넘는 우바새가 목숨을 마쳤습니다. 그들도 다 세 가지 결박이 다하고 탐욕·성냄·어리석음이 엷어져 사다함이 되어, 한 번의 생을 받고는 마침내 괴로움을 완전하게 벗어나겠습니까?

이 나리가 마을에는 또 500명의 우바새가 있는데, 그들도 이 나리가 마을에서 목숨을 마쳤습니다. 그들도 다 세 가지 결박이 다하고 수다원이 되어, 나쁜 세계 법에는 떨어지지 않고, 결정코 바르게 삼보리로 향하여 천상과 인간 세상을 일곱 번 오가면서 태어났다가 마침내는 괴로움을 완전하게 벗어나겠습니까?"

부처님께서 모든 비구들에게 말씀하셨다.

"너희들이 그들이 죽을 때마다 그들의 죽음에 대해 묻는 것은 한낱 수고롭게만 할 뿐이라서, 그런 것들은 여래가 대답하기 좋아하는 것이 아니다. 태어나는 것에는 반드시 죽음이 있거늘 무엇을 놀랍다 하겠는가? 여래가 이 세상에 출현했거나 또는 이 세상에 출현하지 않았거나 간에 진리는 언제나 존재하는 것이다. 여래는 그것을 스스로 알아 깨달음을 성취하여, 그것을 나타내어 자세히 나누어 설명하고 열어 보인 것이다. 그것은 이른바 '이것이 있으므로 저것이 있고, 저것이 일어남으로 이것이 일어난다. 즉 무명無明을 조건으로 행行이 있고…… 나아가 태어남을 조건으로 늙음・병듦・죽음・근심・슬픔・괴로움・번민이 있다. 그리하여 괴로움의 무더기가 발생하는 것이나, 무명이 사라지면 행이 사라지고…… 나아가 태어남이 사라지면 늙음・병듦・죽음・근심・슬픔・괴로움・번민도 사라진다. 이리하여 괴로움의 무더기가 사라지는 것이다.'라고 한 것이다."

_『잡아함경』 제30권 '나리가경'(요약)

부처님이 제자들에게 누가 죽으면 어디에 태어난다고 말씀했습니다. 그러나 본뜻은 부처님이 깨달은 것과 같이 제자들도 연기법을 통해 욕망과 집착에서 해탈하는 데 있었습니다. 부처님에게는 연기법만이 진리이기 때문입니다. 앞에서 이미 설명한 바와 같이 연기법을 이해하면, 더 이상 나라는 존재의 미래를 묻지 않게 됩니다. 오직 내 것에 대한 탐욕을 버려 해탈을 구할 뿐입니다. 그래서 부처님은 윤회에 대한 질문은 당신이 대답하기 좋아하는 것이 아니라고 말하고 있습니다.

다음은 윤회를 묻는 선니에게 부처님이 한 말씀입니다. 선니는 외도에서 출가한 비구니인데 여전히 윤회에 대한 관심을 끊지 못하고 있었습니다. 당시 인도의 수행계가 윤회에 대한 설명에 몰두했음을 보여줍니다.

"나의 여러 제자들은 내 말을 듣고도 그 뜻을 다 이해하지 못해 교만을 일으키고 통찰을 얻지 못한다. 통찰을 얻지 못하기 때문에 곧 교만이 끊어지지 않고, 교만이 끊어지지 않기 때문에 계속해 태어난다. 그러므로 선니야, 나는 이런 제자들에겐 '몸이 무너지고 목숨이 끝난 뒤에 이러저러한 곳에 태어난다.'고 예언한다. 왜냐하면 그들에게는 남은 교만이 있기 때문이다.

그러나 선니야, 내 말을 듣고 그 뜻을 능히 이해하는 나의 여러 제자들은 모든 교만에서 통찰을 얻는다. 통찰을 얻기 때문에 모든 교만이 끊어지고, 모든 교만이 끊어지기 때문에 몸이 무너지고, 목숨이 끝난 뒤에 다시는 계속해 태어나지 않는다. 선니야, 나는 이런 제자들에겐 '이 몸을 버린 뒤에 이러저러한 곳에 다시 태어난다.'고 말하지 않는다. 왜냐 하면 예언할 만한 인연이 없기 때문이다. 만일 내가 그들에 대해서 예언해야 한다면 나는 '그들은 모든 애욕을 끊고, 생사의 과보와 번뇌를 길이 떠나, 바른 뜻으로 해탈하여 고통을 완전히 벗어나리라.'고 예언할 것이다.
나는 예전부터 지금까지 늘 교만의 허물과 교만의 발생에 대하여 말하였다. 만일 그 교만에 대해서 통찰을 가지고 관찰한다면 갖가지 고통은 생기지 않을 것이다."

_『잡아함경』 제5권 선니경

윤회에 대한 관심은 불교에서 본다면, 다음 생에 태어날 자신의 안전을 구하는 욕망의 한 형태입니다. 그러므로 윤회에 집착하는 한, 탐욕과 성냄에서 벗어나기 어렵다고 할 수 있습니다. 부처님이 윤회를 묻는 선니에게 교만을 말하는 까닭은 윤회에 대한 집착이 곧 '나의 미래'를 염려하는 욕망이기 때문입니다.

부처님은 얼마나 교만을 물리쳤는지 그 정도를 보고 다음 생에 어디에 태어날지 말했지만, 예전부터 지금까지 말한 것은 교만의 허물과 그 발생, 그리고 그 고통에서 벗어나는 것이라고 스스로 밝히고 있습니다. 사성제의 진리가 곧 이 가르침에 나타나 있습니다.

이 경전은 실로 당시 수행자들의 관심이 어디에 있었으며, 부처님이 왜 그들에게 욕망의 소멸을 강조했는지 그 까닭을 잘 보여주고 있습니다.

7. 세상의 결박

{나이의 우상}

부처님은 29세에 출가하여 6년을 수행한 후, 약관 35세에 깨달음을 얻었습니다. 깨달음을 얻고 나서 부처님은 스스로 이렇게 선언했습니다.

> 나는 모든 것을 정복했고,
> 나는 모든 것을 안다.
> 나는 모든 현상에 집착하지 않는다.
> 모든 것을 버렸고,
> 욕망을 소멸하여, 자유로워졌다.
> 이 사실을 나 스스로 깨달았거늘,
> 누구를 스승이라 부를 것인가?
> _『법구경』애욕의 장

우리처럼 평균수명이 거의 80세가 되는 현실에서 보면, 35세는 사실 그렇게 많은 나이가 아닙니다. 그러나 부처님 당시 세상으로 돌아가 보면, 35세의 나이는 반대로 그렇게 젊은 나이라고 할 수만은 없습니다. 그때는 평균 수명이 50세가 안 되었기 때문입니다. 하지만 당시 수행의 세계에서 보면, 부처님은 여전히 젊은 사람이었습니다. 선정이나 고행을 수십 년 닦아서 머리가 허연 수행자가 많았기 때문입니다. 이런 상황에서 35세의 젊은이 싯다르타가 '나는 모든 것을 깨달아 모든 번뇌에서 자유롭다.'고 말할 때, 그 당시 사람들은 어떤 생각을 했을까요?

그 당시 왕이나 귀족, 그리고 부유한 상인들은 나이 많은 수행자들을 집에 초청해 공양을 대접하곤 했습니다. 대접을 받은 수행자들은 보시의 공덕을 설명하며 초대한 사람들에게 축복을 주었습니다. 부처님을 초청한 사람들 또한 왕과 귀족이나 부유한 사람들이었습니다. 그런 자리를 이용하여 이들은 부처님에게 나이 많은 수행자들도 그렇게 말하지 않는데, 어떻게 젊은 나이에 그렇게 깨달음을 얻었다고 과감하게 말할 수 있느냐고 물었습니다.

『잡아함경』 삼보리경(깨달음의 경)에는 이런 상황을 그대로 우리에게 보여주고 있습니다. 부처님께 이런 질문을 한 사람은 빠세나디 왕이었습니다. 빠세나디 왕은 당시 대국인 꼬살라국의 왕이었습니다. 꼬살라국은 지금 말하면 러시아나 미국 정도의 대국이었지요. 다음은 경의 내용을 요약한 것입니다.

그때 빠세나디 왕은 부처님께서 계신 곳으로 찾아가 부처님 발에 머리 조아려 예배하고 한쪽에 물러나 앉아서 물었다.

"세존이시여, 저는 세존께서 스스로 아뇩다라삼먁삼보리(위없는 올바르고 완전한 깨달음)를 이루었다고 선언하여 말씀하셨다는 말을 들었습니다.

여러 사람들이 전하는 그 말이 거짓이거나 과장된 말이 아닙니까? 그것은 혹 다른 사람이 부처님의 가르침을 방해하고 나쁜 감정을 일으키게 하려고 만든 말이 아닙니까?"

부처님께서 대왕에게 말씀하셨다.

"그와 같은 말은 진실한 말이요 거짓이 아닙니다. 또한 다른 사람이 나의 가르침을 방해하고 나쁜 감정을 일으키게 하려고 만든 말이 아닙니다.

왜냐하면 대왕이여, 나는 지금 진실로 완전한 깨달음을 얻었기 때문입니다."

빠세나디 왕이 부처님께 아뢰었다.

"세존께서는 비록 그렇게 말씀하시지만 저는 그래도 믿지 못하겠습니다. 왜냐하면, 요사이 여러 늙고 유명한 사문이나 바라문들, 즉 부란나가섭·말가리구사리자·산사야비라지자·아기다시사흠바라·가라구타가전연·니건타야 제자들도 모두 완전한 깨달음을 얻었다고 스스로 말하지 않았습니다. 그런데 세존께서는 나이가 어리고 젊으며, 출가한 지도 그리 오래 되지 않았는데, 어떻게 완전한 깨달음을 증득할 수 있겠습니까?"

부처님께서 대왕에게 말씀하셨다.

"아무리 작아도 소홀하게 여길 수 없는 것에 네 가지가 있습니다. 어떤 것이 그 네 가지인가 하면, 왕족의 왕자는 아무리 어려도 소홀하게 여길 수 없고, 용왕의 아들(독사를 가리킵니다)은 아무리 어려도 소홀하게 여길 수 없으며, 작은 불은 비록 조그만 해도 소홀하게 여길 수 없고, 비구는 아무리 어려도 소홀하게 여길 수 없습니다."

빠세나디 왕은 드러내놓고 당시 유명한, 그리고 평생을 수행에 전념한 나이 많은 스승들의 이름을 나열합니다. 이 사람들은 모두 자신이 그동안 공양했던 인물들일 것입니다.

빠세나디 왕은 따지듯 부처님께 묻습니다. 나이 많고 유명한 사문이나 바라문들도 모두 깨달음을 얻었다고 스스로 말하지 않는데, 세존께서는 젊으며, 출가한 지도 그리 오래 되지 않았는데(부처님은 출가한 지 6년밖에 안 되었습니다!) 어떻게 완전한 깨달음을 얻었다고 말할 수 있습니까?

사람을 당황하게 만들 수도 있는 질문에 대해 부처님은 어리다고 함부로 얕보아서는 안 된다고 대답했습니다. 그리고 네 가지 예를 들고 있는데, 왕자가 어리다고 함부로 얕보았다가는 이 다음에 왕자가 왕이 되었을 때 곤경을 당할 것이고, 뱀이나 작은 불을 깔보았다가는 물려죽거나 큰 화재를 당하며, 수행자가 작고 힘없이 보이더라도 홀대를 해서는 안 된다는 의미입니다.

| 7. 세상의 결박 • **235** |

부처님은 자신의 입장을 설명하면서 마지막으로 이렇게 게송을 읊으십니다.

그러므로 자신을 보호하려는 사람은 마땅히
남도 자기 목숨 보호하듯 하라.
그것은 자신을 잘 보호함으로써
다같이 남까지 보호하게 되리라.

경전을 읽으며 이 대목에 이르러 놀라움을 감출 수 없습니다. 부처님은 자신의 궁색한 처지를 벗어나기 위해 이 비유를 드는 것이 아니라, 이 기회를 이용하여 왕에게 작고 힘없는 이들의 생명을 보호할 것을 가르치고 있기 때문입니다. 자신이 당하는 어려움을 자신의 문제에 그치지 않고 힘없는 중생들의 보편적 입장에서 보고 있는 것입니다.

왕자와 뱀과 작은 불씨에 대한 비유는 특히 왕위를 안전하게 물려주고 나라의 재산을 지켜야 하는 왕에게는 매우 쉽게 이해할 수 있는 이야기입니다. 부처님은 현실에서 쉽게 이해할 수 있는 비유를 들며 빠세나디 왕에게 자신이 어리다고 깨달음이 없다고 생각해서는 안 된다고 말씀합니다. 젊은 수행자가 자신을 방어하는 광경을 보면 조금 우습기도 하지만, 한편 그만큼 그 당시 부처님에게는 절박한 문제일 수 있다는 생각이 듭니다.

이와 비슷한 상황을 전하는 경전이 또 있습니다.『쌍윳따니까야』에 보면 꼬살라 국왕 빠세나디 왕은 고행자들을 보면서 부처님께 과연 이 고행자들이 올바른 깨달음을 얻은 자들인지 묻습니다. 사실 그들은 평생을 고행으로 지내는 자입니다. 작은 생명도 해치지 않기 위해 머리를 기른 결발행자, 옷을 입지 않고 덥고 추운 날씨를 그대로 견디는 나체 고행자나 한 벌 옷만 입은 자 등이니, 이들은 기존 종교집행자인 브라만 사제들과는 달리 집 없는 삶을 선택한 자들이며 향락과 사치를 몸으로 거부하는 이들입니다.

부처님은 이들을 어떻게 평가했을까요? 먼저 부처님은 빠세나디 왕에게 왕과 같이 쾌락에 빠져 있는 사람으로서는 이런 수행자를 판단하기 어렵다고 말씀합니다. 그러면서 다음과 같은 말씀을 합니다.

"대왕이여, 그들이 계율을 지니고 있는가 없는가 하는 것은 함께 살아보아야 알 수 있습니다. 그것도 오랫동안 같이 살아보아야 알지, 짧은 동안에는 알 수 없습니다.
대왕이여, 그들이 청정한가 하는 것은 같이 대화를 해 보아야 알 수 있습니다. 그것도 오랫동안 대화를 해야 알지, 짧은 동안에는 알 수 없습니다.
대왕이여, 그들이 견고한가 하는 것은 같이 재난을 만났을 때 알 수가 있습니다. 그것도 오랫동안 재난을 만났을 때 알지, 짧은 동안에는 알 수 없습니다.

대왕이여, 그들이 지혜가 있는가 하는 것은 논의를 통해서 알 수가 있습니다. 그것도 오랫동안 논의를 함으로써 알지, 짧은 동안에는 알 수 없습니다.

이 모든 것에 주의 깊어야 알지 주의가 깊지 않으면 알 수 없습니다. 지혜로워야 알지 우둔하면 알 수 없습니다."

_『쌍윳따니까야』 제3쌍윳따 '결발행자의 경'(요약)

어떤 사람의 사상이 옳고 그름은 그 이론을 주장하는 사람의 실제 삶을 주의 깊게 오랫동안 지켜보아야 한다는 말씀이지요. 어떤 종교적 신념과 편견에 매이지 않고 현실을 통해 그 사람의 삶과 사상을 관찰하고 판단하시는 부처님을 엿볼 수 있습니다. 우리 주위에는 평생 선정이나 보통 사람이 하기 힘든 고행을 성취한 수행자들이 많습니다. 사람들은 이런 수행자를 숭배합니다. 하지만 이런 숭배는 그 깨달음이 훌륭해서라기보다 강함과 초인적인 힘을 숭배하는 마음에서 나오는 것이 아닐까요?

미움과 시기, 성냄에서 진정 자유로운지 진지하게 묻는 것이 부처님의 판단기준입니다. 지금도 우리에게는 나이의 우상이 있습니다. 젊은 사람의 말은 무조건 경험 부족이라고 얕보는 일이 많습니다. 나이 많은 수행자를 무조건 높이는 일도 많지요. 상대방이 무엇을 깨달았는지 경청하기보다 출가자인지 재가자인지 따지거나, 또는 얼마나 오랫동안 수행했는지 햇수에 더 가치를 부여하는 사람도 많습니다. 심지어 그 단체의 신도 숫자를 가지고 깨달음을 평가하는 사람도 적지 않습니다.

　삼보리 경을 읽으며 우리 마음속에 숨어 있는 여러 우상을 생각하게 됩니다.

{권위와 신비}

사람은 살면서 고통과 기쁨을 경험합니다. 좋은 결과를 얻으면 누구나 기뻐하고, 괴로운 일을 당하면 누구나 슬퍼합니다. 화가 고통이고 복이 기쁨인 이상, 화를 멀리하고 복을 원하는 것은 매우 자연스러운 태도라고 할 수 있습니다. 그래서 사람은 화를 멀리하고 복을 부르는 방법을 찾게 됩니다. 그러나 우리의 경험으로는 기쁘고 슬픈 일을 당하는 원인을 명확히 파악할 수 없습니다. 다 같이 노력해도 사람에 따라 그 결과가 다르기 때문입니다. 심지어 처음에는 재앙이라고 생각했는데 뒤에 복이 되는 일도 있고, 그 반대의 경우도 있습니다. 그래서 전화위복, 새옹지마라는 말도 있습니다.

화와 복을 가져오는 정확한 원인을 알기 어려울 때 사람은 자신의 경험을 포기하고 초자연적인 판단에 의지하기 쉽습니다. 때로는 초자연적인 지식이나 경험을 가지고 있다고 믿는 사람이나 단체를 찾기도 합니다. 종교 중에는 이런 점을 악용하는 단체도 있습니다. 잘못된 종교는 사람들의 두려움을 이용해 돈과 재물을 빼앗습니다.

부처님의 가르침을 따르는 사람들은 이 현실을 어떻게 보아야 할까요? 부처님은 사람을 해치고 동물을 죽여 복을 비는 제사를 반대했습니다.

다음 '우파가경'이 그 당시 상황을 설명해줍니다.

우파가라는 어떤 바라문 청년이 부처님 계신 곳으로 찾아와 세존과 서로 인사한 뒤에 물러나 한쪽에 앉아 부처님께 여쭈었다.
"고따마시여, 모든 바라문들은 항상 사성대회(邪盛大會; 제사)를 칭찬합니다. 사문 고따마께서도 사성대회를 칭찬하십니까?"
부처님께서 우파가에게 말씀하셨다.
"나는 한결같이 칭찬하지는 않는다. 어떤 사성대회는 칭찬할 만하고, 어떤 사성대회는 칭찬하지 못할 것도 있다."
우파가는 부처님께 아뢰었다.
"어떤 사성대회가 칭찬할 만하며, 어떤 사성대회가 칭찬할 만하지 않습니까?"
"만일 사성대회에서, 여러 마리 황소와 숫물소, 암물소 및 많은 염소 새끼와 작은 중생들을 잡아매어 모두 죽이거나 핍박하고 괴롭히며, 하인이나 머슴들을 매질로 위협하고 슬피 부르짖게 하며, 기쁘지 않고 즐겁지도 않은 온갖 고통을 가하며 부린다면, 이런 사성대회를 나는 칭찬하지 않는다. 그것은 큰 죄악을 짓는 것이기 때문이다.

또 만일 사성대회에서, 여러 마리 소들을 잡아매지 않고 죽이거나 핍박하지 않고, 하인이나 머슴들을 매질로 위협하지 않고 나아가 중생들에게 큰 고통을 가하며 부리지 않는다면, 그런 제사를 나는 칭찬한다. 그것은 큰 죄악을 짓는 것이 아니기 때문이다."

_『잡아함경』 제4권 우파가경

현대에 와서도 여전히 제사나 제사의 형식을 띤 종교행사가 성행하고 있습니다. 동물의 생명을 신에게 바치는 대신 자신의 안전을 구하려는 계산이 숨어 있습니다. 자신의 소유 중 일부를 내놓으면 그 몇십 몇백 배를 받을 수 있다는 사고도 숨어 있습니다. 이 속에는 세속적인 거래의 논리가 숨어 있습니다. 작은 것을 주고 더 큰 것을 바라는 마음은 이익을 구하는 마음입니다. 이런 마음에서는 참된 이타행이나 사랑을 기대할 수 없습니다.

그 당시 인도의 바라문들은 복을 짓기 위해 어떻게 가르쳤을까요? 부처님은 외도들의 복 짓기를 이렇게 비판했습니다.

"저들은 이와 같은 방법으로 제자들을 교화한다. 즉 그들은 보름날에 참깨 가루와 암마라 가루로 온몸을 씻고 새로 지은 무명옷을 입고, 머리에는 긴 실을 드리우고 쇠똥을 땅에 바르고 그 위에 누워서 말하기를, '선남자들아, 이른 아침에 일찍 일어나 옷을 벗어 한 곳에 두고 알몸으로 동쪽을 향해 달려가라. 설령 길에서 사나운 코끼리·모진 말·미친 소·미친 개·가시밭·숲 덤불·계곡·깊은 물 따위를 만나더라도 곧장 나아가고 피하지 말라.

그런 것들로 해를 입어 만일 죽게 된다면 틀림없이 범천에 태어날 것이다.'라고 한다.

외도들은 이런 삿된 견해가 있기 때문에 지혜로 평등하게 깨달아 열반으로 나아가지 못한다. 그러나 나는 제자들을 위해 평편하고 바른 길을 연설한다. 이것은 어리석음이 아니요, 지혜로서 평등하게 깨달음으로 향하고 열반으로 향하는 것이니, 나는 여덟 가지 바른 길(팔정도)을 말한다."

_『잡아함경』 제30권 '바라문경', 동국역경원

부처님이 지적하시듯, 이처럼 인도의 고대 바라문들은 사람들에게 아침 일찍 일어나 알몸으로 동쪽을 향해 달려가라고 가르쳤습니다. 가다가 짐승에게 부딪쳐 죽어도 다음 생에 하늘에 태어난다고 설득했던 것입니다. 신비한 형식을 강조한 나머지 현실을 극단적으로 무시하는 반지성反知性적인 행위를 볼 수 있습니다. 종교 활동의 형식에 집착한 나머지 현실을 무시하는 반지성적인 가르침은 지금도 신앙의 이름으로 세상에 활개를 치고 있습니다. 부처님은 무엇보다 지혜와 깨달음을 강조했습니다.

'사행경(행위를 버리는 경)'을 보면, 바라문들이 지내던 제사의 또 다른 형태를 볼 수 있습니다. 어떤 바라문은 부처님에게 자신의 보시를 이렇게 설명했습니다.

"고따마여, 이와 같이 보름날 머리를 감고 제사를 지내되, 새롭고 깨끗한 긴 털로 짠 흰 천을 감고, 손에는 신선한 풀을 쥐고 스스로의 능력에 따라 보시하여 복을 짓습니다. 고따마여, 이것을 바라문들이 수행하는 사법捨法이라고 합니다."

_『잡아함경』 제37권 '사행경'

이 구절을 보면, 당시 바라문들이 복을 얻기 위해 보시를 할 때, 어떤 형식을 갖추었던 것을 알 수 있습니다. 머리를 감아 더러움을 버리고, 더럽고 낡은 천을 버리고 새롭고 깨끗한 흰 천을 준비하는 것을 '버리는 법[捨法]'이라고 했습니다. 이 외에도 다음 생에 좋은 곳에 태어나거나 해탈을 얻기 위해 특정한 강에서 목욕을 하는 바라문, 벗은 몸으로 유행하는 자, 진흙을 바르는 자, 항상 위로서 있는 자, 절식하는 자, 진언을 외우는 수행자 등이 있었습니다.

부처님은 참다운 행복을 가져오는 길을 다음과 같이 가르칩니다. 다음 법문은 위에서 인용한 '사행경捨行經'의 끝 부분입니다.

"죽이지 않음으로써 살생을 버리는 것이다. 도둑질하지 않음으로써 주지 않는 것을 가지는 행위를 버리는 것이다. 음행하지 않음으로써 범행이 아닌 것을 버리는 것이다.
거짓말하지 않음으로써 진실하지 않은 말을 버리는 것이다. 이간질하는 말을 하지 않음으로써 이간질하는 말을 버리는 것이다.

나쁜 말을 하지 않음으로써 추한 말을 버리는 것이다. 꾸밈말을 하지 않음으로써 의미 없는 말을 버리는 것이다.

탐욕의 마음이 없음으로써 애착을 버리는 것이다. 분노가 없음으로써 성냄과 원한을 버리는 것이다. 바른 견해로써 삿된 견해를 버리는 것이다.

바라문이여, 이것을 성현의 법과 율에서 행하는 사법(버리는 법)이라고 한다."

부처님은 바라문에게 살생과 강탈, 성적인 폭력과 거짓, 욕설과 이간질, 탐욕과 성냄을 버리는 것을 참다운 버림이라고 가르칩니다. 이 길이 곧 행복을 가져오는 공덕행이라고 말씀합니다. 이 가르침 속에는 어떤 신비나 권위가 없습니다. 부처님은 검증할 수 없는 초자연적인 수행을 거부하고 우리 마음을 깨달아 행복한 삶을 살 것을 가르치고 있습니다. 불교가 당시 다른 종교와 다른 점이 여기에 있다고 할 것입니다.

{열 가지 결박}

사람은 자신이 어떻게 묶여 있는지 알기가 참 어렵습니다. 평소에는 자유롭다고 생각했지만, 뒤늦게 마음속에 숨어 있는 집착을 깨닫는 일도 많습니다. 살아가면서 남들과 갈등을 겪을 때야 깨닫기도 하고, 좋은 친구나 스승이 옆에서 일러줄 때 깨닫게 되기도 합니다. 부처님은 세상 사람들이 묶여 있는 결박에 대해 가르쳤습니다. 낮은 단계의 다섯 가지 결박과 높은 단계의 다섯 가지 결박이 그것입니다. 이 열 가지 결박에 대한 가르침을 자세히 살펴보면, 그 깊은 안목을 엿볼 수 있습니다. 먼저 다섯 가지 낮은 단계의 결박은 한역으로는 오하분결五下分結이라고 하는데, 다음과 같습니다.

① 몸속에 개체가 있다는 견해, 또는 몸이 나라는 견해
② 회의적 의심
③ 규범과 금기에 대한 집착
④ 감각적 쾌락에 대한 탐욕
⑤ 분노

_『쌍윳따니까야』 제46쌍윳따 '낮은 단계의 결박'의 경

위 다섯 가지 결박은 바라문 사제계급이나 왕족들의 욕망을 나타냅니다. 몸속에 개체(아트만)가 있다는 생각은 현상의 배후에 변하지 않는 절대적인 신성神性이 있다는 사고입니다. 사람들은 무의식적으로 이런 생각을 하는 경향이 있습니다. 그래서 현상의 배후에 절대적인 존재가 있다는 말에 열광하기 쉽습니다. 그러나 문제는 이른바 그 절대적인 존재를 규명하기 전부터 이미 이런 생각에 집착하고 있는 태도입니다. 집착이 있으면 다른 사람의 말을 듣지 않고 합리적인 사고를 할 수 없습니다. 몸속에 변하지 않는 실체가 있다고 생각하는 사람들은 죽은 후 다음 생을 생각하지 않을 수 없습니다. 전통종교인 바라문들은 제사를 지내면 공덕이 다음 생의 자기에게 돌아간다고 말했습니다. 그래서 당시 권력과 부를 성취한 사람들은 규모가 큰 제사에 집착했고, 고행이나 명상을 무익하게 생각했습니다. 이런 사람들은 새로운 사상에 대해서는 언제나 의심을 했습니다. 더구나 당시 새로이 일어난 불교는 더욱 사람들에게 의심과 경멸을 받았습니다. 한 바라문 집안의 부인이 부처님에게 귀의하자 그 남편은 부처님을 찾아가 온갖 욕설과 모욕을 주었습니다.

제사를 지내는 자들은 규범과 금기에 집착합니다. 합리적인 성찰보다 주문을 외운다든지 짐승의 피를 뿌리며 수명과 복을 빕니다. 인도 고대의 종교적 제례나 사상을 전하는 『까우쉬따끼 우파니샤드』에서는 '가장 귀한 것을 얻고자 할 때는 보름날이나 그믐날

별자리로 본 길일 중에 하루를 골라 땅을 깨끗이 쓸고 성스러운 풀로 그 자리를 덮은 뒤 물을 뿌리고 그 자리에 신을 모신 뒤 국자로 버터기름을 바치며 주문을 외우라'고 가르치고 있습니다. 이들이 바라는 것은 자손의 번영과 물질적 행복입니다. 비합리적인 금기나 규범에 의지하는 것은 카스트제도처럼 닫힌 사회의 특징입니다. 이 다섯 가지 결박은 역으로 당시 세상 사람들의 관심이 어디에 있었는지 잘 보여줍니다.

다섯 가지 낮은 단계의 결박 외에 부처님은 당시 수행자들을 묶고 있는 다섯 가지 높은 단계의 결박(五上分結)도 있다고 가르쳤습니다.

① 미세한 물질계에 대한 탐욕
② 비물질계에 대한 탐욕
③ 자만
④ 흥분(자기 정당화)
⑤ 무명無明

_『쌍윳따니까야』 제46쌍윳따 '높은 단계의 결박'의 경

다섯 가지 높은 단계의 결박은 고행을 하거나 선정을 닦는 수행자가 갖기 쉬운 결박입니다. 선정을 닦는 자는 선정 속에서 일정한

의식수준을 유지하려고 합니다. 특정한 생각을 유지하는 선정은 미세한 물질계(有色界; 정신적인 세계)에 대한 탐욕을 낳습니다. 고행을 통해 하늘에 난다고 생각하여 특정한 형태의 몸짓을 고통스럽게 지속하는 사람도 정신적인 세계에 대한 집착입니다. 한편, 사고가 사라진 상태를 유지하는 선정은 비물질계(無色界; 선정의 세계)에 대한 집착을 낳습니다. 의식이 사라진 무소유처나, 생각이 있는 것도 아니고 없는 것도 아닌 비상비비상처가 이런 유형이라고 볼 수 있습니다. 미세한 물질계에 대한 탐욕이나 비물질계에 대한 탐욕은 모두 자신이 다음 생에 하늘나라에 태어나고자 하는 욕망이 감추어져 있습니다.

고행자들은 자신의 몸을 괴롭힐수록 스스로 해탈에 가까워진다고 생각합니다. 그래서 교만과 자기 정당화에 대한 주장이 강합니다. 영화 다빈치 코드에서도 스스로 몸을 학대하는 성직자가 나옵니다. 그는 스스로 올바른 신앙생활을 하고 있다고 믿고, 나아가 생각이 다른 사람을 해쳐도 된다고 생각합니다. 신도들도 오랫동안 고행을 한 성직자를 그 이유만으로 존경하는 경향이 있습니다. 『법구경』에 있는 다음 구절이 고행자들의 모습을 잘 나타내고 있습니다.

벌거벗고 지내거나, 머리를 길게 땋거나, 흙으로 몸을 바르거나, 굶거나, 맨 땅위에 눕거나, 재를 몸에 바르거나, 꼼짝하지 않고

앉아 있어도,

_『법구경』 폭력의 장

불교에서는, 적어도 부처님의 관점에서는 올바른 생각이라고 할 수 없습니다. 특정한 몸짓이나 의식상태를 유지하려고 노력하는 한, 스스로 자신의 마음을 되돌아 볼 조건이 일어나지 않습니다. 이 높은 단계의 결박은 당시 고행이나 명상 수행자의 관심이 어디에 있었는지 잘 보여줍니다.

부처님은 29살까지 왕자로 지내며 당시 전통적인 종교와 학문을 배웠습니다. 성 밖으로 출가해서는 스승들을 만나 선정을 닦았으며, 이어 고행자들과 함께 고행을 경험했습니다. 그러므로 부처님이 말한 이 열 가지 결박은 당시 성 안과 성 밖, 즉 전통적인 바라문들이나 새로운 사상가들의 다양한 한계를 가리킨다고 볼 수 있습니다. 교리적으로는 앞에서 설명한 낮은 단계의 결박은 재가자가 끊어야 할 속박으로, 높은 단계의 결박은 아라한이 되기 위해 수행자가 끊어야 할 결박으로 해석합니다.

다음은 부처님이 결박을 벗어난 제자들에게 당부했던 말입니다.

나는 이미 인간과 천상의 속박에서 벗어났다. 그대들도 인간과 천상의 속박을 벗어났으니, 그대들은 인간 세상에 나가 많은 사람을 제도하고 많은 이익을 주어 인간과 하늘을 안락하게 하되,

짝지어 다니지 말고 한 사람 한 사람씩 따로 다니도록 하라.
_『잡아함경』 제39권 승삭경(繩索經)

결박의 조건을 성찰하는 것은 불교의 오랜 전통입니다. 선불교 중에서 간화선을 일으킨 중국 남송시대의 대혜종고(1089~1163) 선사는 이렇게 말했습니다.

선사의 가르침은 그대의 끈끈한 속박을 풀고 그대를 얽어매는 쐐기를 뽑아주려고 하는 것이다.
_『벽암록』 제15 운문도일설(雲門倒一說)

2,500여 년이 지난 오늘은 부처님 시대와 많이 다릅니다. 따라서 우리를 묶는 결박도 그때와 전적으로 같다고 할 수는 없습니다. 사랑과 우정을 막고, 마음을 성찰할 수 없게 만드는 우리 시대의 결박은 무엇일까요? 오늘 우리를 묶고 있는 것이 무엇인지 성찰하는 것이 곧 불교적인 수행이라고 할 수 있습니다.

8. 분열과 갈등

{꼬삼비 비구들의 싸움}

꼬삼비 지방의 비구들 사이에 커다란 분열이 있었습니다. 이 분열은 한 비구가 계를 범한 것에 대해 서로 의견이 다른 비구들이 두 편으로 나뉘어 싸우다 일어났습니다. 처음에는 논쟁과 시비를 일삼다 나중에는 몸싸움까지 일어났습니다. 급기야 부처님까지 나서서 화합을 꾀했으나 실패했던 사건이었습니다. 비구들이 부처님의 간섭을 거부했던 것입니다.

이 사건은『마하박가』제10편 코삼비의 경과『맛지마니까야』제5품 꼬삼비 설법의 경, 그리고『증일아함경』에 각각 언급되어 있습니다.

『마하박가』에 보면, 이 사건은 세존께서 꼬삼비 지방의 고시타 승원에서 계실 때 일어났습니다. 내용은 줄이면 다음과 같습니다.

한 비구가 계율을 어긴 일이 있었다. 계율을 어긴 그 비구는 자신의 범계를 범계로 알았다. 그러나 얼마 뒤에 본인은 범계를 범계로 보지 않았고, 다른 비구들은 그 범계를 범계로 보았다. 그러자 다른 비구들은 자신의 잘못을 인정하지 않는 그 비구에게 정권처분을 내렸다. 정권停權은 비구로서의 활동에 강제적인 정지 처분을 내리는 것이다. 정권처분을 받은 자는 홀로 떨어져 근신해야 한다.

문제는 그 비구였습니다. 그 비구는 들은 것이 많고 전승되어온 경전에 정통한 사람이었던 것입니다. 뿐만 아니라 교법과 계율과 논의 주제를 외우고 다녔고 슬기롭고 명민했습니다. 그 비구는 견해가 같고 친한 비구들에게 사정을 말하여 동조자로 만들었습니다. 이어서 그 비구는 지방에 거주하는 친한 비구들에게도 사절을 보내 모두 같은 편으로 만들었습니다. 그만큼 경과 율에 대해 남을 설득할 만한 실력이 있었던 것이지요.

한편 정권처분을 내린 비구들은 그 비구를 따르는 무리들이 항의를 해도 자신들이 여전히 옳다고 주장했습니다. 이렇게 두 주장이 서로 맞서게 되었고 급기야 두 주장을 하는 비구들은 각각 따로 포살을 거행하기에 이르렀습니다. 비구교단에 분열이 일어난 것입니다.

『마하박가』에는 당시 상황을 이렇게 묘사하고 있습니다.

"그때 비구들은 집들 가운데 있는 식당에서 서로 싸우고 시비에 빠져 서로 조리에 맞지 않는 몸짓과 말로 공격하였고 마침내 몸싸움까지 하였다. 사람들이 이를 보고 못 마땅하게 여기고 불평했다."

『맛지마니까야』 꼬삼비 설법의 경에서는 이 상황을 "서로 입에 칼을 물고 찔렀다."고 표현하고 있습니다. 급기야 부처님께서 주위의 청으로 서로 반대주장을 하는 비구들을 찾아가셨습니다.

"비구들아 그만두어라. 다툼도 그만두고, 싸움도 그만두고, 논쟁도 그만두고, 시비도 그만두어라."

그러나 그 비구들은 도리어 부처님에게 선정에 들어 편안함을 누리시라고 말하며 이 다툼과 논쟁과 시비는 자기들의 일이라고 말했습니다. 부처님이 세 번을 말렸지만, 비구들은 여전히 부처님의 말을 듣지 않았습니다. 그러자 부처님은 "이 어리석은 자들은 지극히 몽매하여 훈계하는 것이 쉽지 않다."고 말씀하며 자리에서 일어나셨습니다. 이후 부처님은 이 꼬삼비 지방을 떠나 다른 곳에 갔습니다. 그러자 신도들이 들고 나섰습니다.

"이 꼬삼비의 비구들은 우리에게 수많은 손해를 끼쳤다. 세존께서는 그들 때문에 번잡스러워 이곳을 떠나셨다. 따라서 우리들은 꼬삼비의 비구들에게 절하지 말고, 보고도 일어서지 말고, 합장의 예를 갖추지 말고, 존중하지 말고, 공경하지 말고, 봉사하지 말고, 공양하지 말고, 온다고 해도 얻은 음식을 주지 말자. 만약 이들이 우리들로부터 존경 · 존중 · 공경 · 봉사 · 공양을 받지 못한다면

존경받지 못한 까닭에 떠나거나 환속하거나 세존과 화해할 것
이다."

_『마하박가』 최봉수 역

신도들이 나서서 공양과 보시를 거부한 것입니다. 탁발을 해야 먹고 살 수 있었던 당시 현실에서 신도들의 이런 집단행동은 비구들에게는 치명적인 위협이 아니었을까요?

결국 꼬삼비의 비구들은 이렇게 생각을 바꾸었습니다.

"벗들이여, 우리가 세존이 계신 사밧티로 가서 세존을 뵙고 이 율법의 문제를 해결하도록 합시다."

결국 마지막에 문제를 일으킨 당사자 비구가 마음을 바꿔 자신이 계를 범한 것을 인정하고 참회하여 분열이 일단락되었습니다.

『맛지마니까야』 '꼬삼비 설법의 경'에서, 부처님은 싸우는 두 비구들에게 여섯 가지를 당부했습니다.

첫째, 자비로운 신체적 행위, 둘째, 자비로운 언어적 행위, 셋째, 자비로운 정신적 행위, 넷째, 보시 받은 물건이 있으면 남김없이 나눌 것, 다섯째, 계행의 일치를 도모할 것, 여섯째, 해탈과 소멸로 이끄는 견해의 일치를 도모할 것 등입니다.

부처님은 논쟁을 하느라 승단의 분열을 일으킨 비구들에게 자비

를 강조하고, 이어 물질적인 나눔, 계행과 해탈에 대한 견해의 일치를 강조하고 있습니다. 특히 자비를 강조한 다음, 물질적인 보시가 들어오면 밥 그릇 하나라도 남김없이 나누라는 말씀은 논쟁과 싸움 속에 숨어 있는 물질적인 욕망과 이해관계를 꿰뚫어 보신 가르침입니다. 이어서 계행을 강조하고 마지막으로 미움과 분노에서 벗어나는 해탈을 올바른 견해로서 강조하고 있습니다.

꼬삼비 비구들의 분열에서 드러나는 것은 재가신도들의 역할입니다. 『마하박가』에서 나타나 있듯이 신도들은 꼬삼비 비구들에게 일체의 존경과 공양을 거절할 것을 결의했던 것입니다. 당시에는 출가 대중들은 모두 걸식을 하고 살았으므로, 이 결의는 비구들에게 곧바로 생존의 위협을 의미했습니다. 신도들의 공양 거부가 곧 비구들이 태도를 바꾸게 된 결정적인 요인이 아닌가 생각됩니다.

신도들이 출가대중을 외호하는 역할을 자임하지만, 대신 그만큼 비구들에게 높은 도덕성을 요구했던 것을 알 수 있습니다. 꼬삼비 사건은 자비가 근본이 되지 않으면 지식이 얼마나 쉽게 논쟁과 분열을 낳게 하는지 보여주고 있습니다.

{데바닷따의 독립}

데바닷따는 비구로서 승단을 분열시킨 장본인입니다. 그래서 모든 경전에는 데바닷따를 악인으로 묘사하고 있습니다. 다음의 '수레의 경'에 데바닷따가 등장합니다.

한때 세존께서 라자가하 베루바나에 있는 깔란다까니비빠에 계셨다. 그런데 그때 아지따쌋뚜 왕자가 데바닷따를 위하여 아침저녁으로 오백 그릇의 음식을 오백 대의 수레로 몰아 운반하고 있었다. 그때 마침 많은 수행승들이 세존께서 계신 곳으로 찾아왔다. 가까이 다가와서 세존께 인사를 드리고 한 쪽으로 물러앉아 세존께 이와 같이 말했다.
"세존이시여, 아지따쌋뚜 왕자가 데바닷따를 위하여 아침저녁으로 오백 그릇의 음식을 오백 대의 수레로 몰아 운반하고 있습니다."
"수행승들이여, 데바닷따의 이득과 환대와 명성을 시기하지 말라. 수행승들이여, 아지따쌋뚜 왕자가 데바닷따를 위하여 아침저녁으로 오백 그릇의 음식을 오백 대의 수레로 몰아 운반하는 한, 데바닷따의 착한 성품은 줄어들 뿐, 결코 늘어나지 않을 것이다.

수행승들이여, 예를 들어 사나운 개의 코에다 마른 간을 부스러뜨리면 그 개가 더욱 맹렬해지듯이 수행승들이여, 아지따쌋뚜 왕자가 데바닷따를 위하여 아침저녁으로 오백 그릇의 음식을 오백 대의 수레로 몰아 운반하는 한, 데바닷따의 착한 성품은 줄어들 뿐, 결코 늘어나지 않을 것이다.

이와 같이 수행승들이여, 이득과 환대와 명성은 두렵고 자극적이고 거친 것으로 위없는 평화를 얻는 데 장애가 된다. 수행승들이여, 그대들은 '나는 이미 생겨난 이득과 환대와 명성을 버릴 것이며, 아직 생겨나지 않은 이득과 명성과 환대에 집착하지 않고 지낼 것이다.'라고 배워야 한다.

수행승들이여 그대들은 이와 같이 배워야 한다."

_『쌍윳따니까야』 제17쌍윳따 '수레', 전재성 역

데바닷따(제바달다)는 부처님의 사촌으로 부처님의 승단에 출가한 사람입니다. 그리고 승단 내에서는 아라한으로 대접을 받았습니다. 데바닷따를 따르는 무리들도 500여 명이었다고 합니다. 500여 명은 숫자의 정확성이라기보다 그를 따르는 무리가 많았다는 뜻입니다.

데바닷따는 부처님의 승단이 타락했다는 명분을 내세워 따로 자기만의 승단을 세우겠다고 선언했습니다. 이때 오백여 수행승이 데바닷따를 따라 나섰다고 하니, 데바닷따를 따르는 세력이 꽤

컸다는 것을 알 수 있습니다.

데바닷따가 요구한 것은 수행자가 보다 더 엄격한 삶을 살아야 한다는 것이었습니다. 즉, 고기와 생선을 먹지 말 것(그때는 집집마다 돌며 얻어먹을 때라, 주는 대로 먹어야 했습니다), 평생 마을에 머물지 말고 숲에서 머물며 집에서 자지 말고 나무 밑에서 잘 것, 평생 떨어진 옷(분소의)을 입고 일반인의 옷을 입지 말 것, 걸식을 해서 먹지 밥을 청해서 먹지 말 것 등 과격한 주장을 했던 것입니다. 얼른 보면 수행자의 삶을 더욱 엄하게 만드는 것이라 틀린 주장이라고 할 수는 없어 보입니다. 사실 그 당시 부처님의 명성이 널리 알려지고 왕과 여러 부유한 사람들이 귀의함에 따라, 식사에 초대받거나 옷과 정사를 기증받는 등, 수행승들의 삶이 처음보다 편해졌던 상황이었습니다. 데바닷따가 엄격한 수행을 내세운 이면에는 이러한 현실이 있었던 것이 아닌가 합니다.

어느 단체나 과격한 주장을 하거나 급진적인 주장을 하는 사람을 막을 수 없는 일이 많습니다. 대개 이런 주장을 하는 사람이 내세우는 것은 도덕적 순결을 표방하기 때문입니다. 그래서 반대를 하면 반대하는 사람이 오히려 비난받기 쉽습니다.

엄한 수행을 주장한 데바닷따는 실제 마가다국의 아지따삿뚜 왕자의 비호를 받았다고 합니다. 그 비호를 믿고 부처님께 반기를 들었던 것입니다. 하지만 부처님은 엄격한 계율을 주장하는 데바닷따의 마음속에 깃든 이득과 환대와 명성의 유혹을 보았습니다.

데바닷따의 반역에 대해 부처님은 아난에게 아라한이라도 이익과 명성에 흔들릴 수 있다고 경책합니다. '수행승경'에 부처님께서 아난 존자에게 이르신 말씀이 있는데, 그 뜻이 매우 의미심장하게 느껴져 여기에 인용합니다.

한때 세존께서 싸밧티의 제따바나에 있는 아나타삔디까 승원에 계셨다. 그때 세존께서는 이와 같이 말씀하셨다.
"수행승들이여, 번뇌를 소멸한 거룩한 수행승에게도 이득과 환대와 명성은 장애라고 나는 말한다."
이와 같이 말씀하셨을 때 존자 아난다가 세존께 이와 같이 말했다.
"세존이시여, 번뇌를 소멸한 어떠한 수행승에게도 이득과 환대와 명성은 장애입니까?"
"아난다여, 흔들리지 않는 마음의 해탈을 성취한 자에게도 이득과 환대와 명성은 장애라고 나는 말한다. 아난다여, 또한 게으르지 않고 열심히 전념하여 현세에 즐거움을 누리는 선정을 성취한 자에게도 이득과 환대와 명성은 장애라고 나는 말한다.
아난다여, 이와 같이 이득과 환대와 명성은 두렵고 자극적이고 거친 것으로 위없는 평화를 얻는 데 장애가 된다. 아난다여, 그러므로 그대는 '나는 이미 생겨난 이득과 환대와 명성을 버릴 것이며, 아직 생겨나지 않은 이득과 환대와 명성에 집착하지 않고 지낼

것이다'라고 배워야 한다. 아난다여, 그대는 이와 같이 배워야
한다."

_『쌍윳따니까야』 제17쌍윳따 '수행승경', 전재성 역(요약)

부처님께서 번뇌를 소멸한 거룩한 수행승에게도 이득과 환대와 명성은 장애라고 말씀하실 때, 당시 베데하 지역에서 성자라고 칭송을 듣던 아난 존자는 "번뇌를 소멸한 어떠한 수행승에게도 이득과 환대와 명성이 장애입니까?"라고 다시 한 번 묻습니다. 그러자 부처님은 최고의 수행경지인 아라한도 예외가 아니라고 합니다. 오랫동안 청정한 수행을 한 사람이 명예와 이익, 환대의 유혹에 넘어가 한 순간에 무너지는 경우를 볼 때, 부처님의 이러한 말씀은 아난 존자에게도 놀라운 가르침이거니와, 오늘 우리의 현실에도 귀담아 들어야 할 경책입니다.

9. 부처님의 후계자

부처님의 훌륭한 제자로는 싸리붓따(사리불)와 못갈라나(목건련)가 있습니다. 그러나 이 두 분은 불행하게도 부처님께서 임종하시기 전에 모두 세상을 떠납니다.

두 사람 생전에 후계자와 관련하여 바라문 셀라와 부처님의 다음과 같은 대화가 경전에 나옵니다.

"누가 당신의 장군입니까? 스승을 따르는 제자는 누구입니까? 이미 굴려진 가르침의 바퀴를 누가 당신의 뒤를 이어 굴릴 것입니까?"
"셀라여, 내가 굴린 위없는 바퀴, 위없는 가르침의 바퀴를 싸리붓따가 굴릴 것이다."

_『숫타니파타』 제3 커다란 장 '셀라의 경'

부처님은 자신의 후계자가 싸리붓따라고 말씀합니다. 사실 초기 경전 곳곳에 제자들이 부처님의 말씀을 이해하기 어려울 때, 싸리붓따 존자에게 찾아가서 묻는 것을 볼 수 있습니다. 그런데 싸리붓따의 죽음에 대해 알려주는 경(『쌍윳따니까야』 제47쌍윳따 제13 쭌다)에는 싸리붓따 존자와 아난 존자가 매우 가까운 사이임을 보여주고 있습니다. 싸리붓따 존자가 죽었을 때, 싸리붓따의 시자가 맨 먼저 그의 죽음을 알린 사람은 아난 존자입니다. 아난 존자는 "너무나 슬프고 앞이 캄캄하여 자신이 이때까지 배운 바가 아무 소용이 없을 정도"라고 세존께 그의 슬픔을 말씀드립니다.

목련 존자 또한 부처님이 아끼던 제자로 힘이 장사였습니다. 그래서 목련 존자는 일반적으로 불자들에게 신통력이 있는 분으로 알려지고 있습니다. 부처님께서 이 두 분의 죽음을 몹시 안타까워하신 대목이 경에 나옵니다.

어느 때 부처님께서 마투라국 발타라강 가에 있는 산개암라 숲에 계셨는데, 존자 싸리붓따와 못갈라나가 열반하고서 오래지 않은 때였다.
그때 세존께서는 그 달 보름날 포살 때 대중 앞에서 자리를 펴고 앉으셨다. 세존께서는 대중의 모임을 관찰하신 뒤에 여러 비구들에게 말씀하셨다.
"내가 대중을 관찰해보니 텅 빈 것처럼 보이는구나. 그것은 싸리붓따와 못갈라나가 열반에 들었기 때문이다. 나의 비구들 중에 오직 이 두 사람만이 능히 잘 설법하고 훈계했었다.
그러나 너희들은 싸리붓따와 못갈라나가 열반하였다고 하여 근심

하거나 괴로워하지 말라. 내가 전에 이미 말한 것처럼, 사랑스러운 어떤 것도 모두 떠나고 흩어지기 마련이니, 나도 오래지 않아 가고 말 것이다.

_『잡아함경』 제24권 '포살경'(요약)

위 경전을 읽으면, 사랑하는 두 제자가 먼저 열반에 든 후 만년에 허전함을 느끼는 부처님을 볼 수 있습니다. 나고 죽음이 무상함을 아시기 때문에 그 일로 슬픔에 빠져 비탄에 젖는 일은 없었겠지만, 부처님은 늘 대중이 옆에 있어도 텅 빈 것 같다고 스스로 당신의 느낌을 표현합니다.

싸리뿟따가 돌아가신 후 부처님은 당신 열반 전에 후계자를 정했을까요? 만약 후계자를 정하는 것이 당시 일반적인 관례라면 마땅히 부처님께 이런 질문이 주어져야 자연스러울 것입니다. 남전 대반열반경이나 『쌍윳따니까야』에 보면, 부처님의 임종에 즈음하여 아난 존자가 부처님께 누가 후계자인지 묻습니다.

그 후 세존께서 안거에 들었을 때에 심한 질병이 생겼다. 고통스러운 느낌 때문에 사경에 들 정도였다. 그러나 세존께서는 그곳에서 깊이 새기고 올바로 앎으로서 고난을 겪지 않고 참아내셨다. 그래서 세존께서는 질병에서 일어나셨다. 질병에서 일어나신지 얼마 되지 않아 정사에서 나와 승원 뒤의 그늘에 마련된 자리에 앉으셨다. 그러자 존자 아난다는 세존께서 계신 곳을 찾았다. 한쪽으로 물러앉은 아난다는 세존께 이와 같이 말했다.

"세존이시여, 참아내셨으니 더없이 기쁩니다. 세존이시여, 견디어 내셨으니 더없이 기쁩니다. 세존이시여, 세존께서 병이 드셨기 때문에 실로 저의 몸은 마비되고 제 앞은 캄캄하고 가르침도 제게 아무런 소용이 없었습니다. 그러나 세존이시여, 저는 이와 같이 '세존께서는 수행승들의 승단을 위해 무엇인가를 말씀하시기 전에는 완전한 열반에 들지 않을 것이다.'라고 생각하고 어느 정도 안심을 하였습니다."

"그런데 아난다여, 수행승의 승단이 나에게 기원하는 것은 무엇인가? 아난다여, 나는 안팎 없이 가르침을 다 설했다. 아난다여, 여래의 가르침에 감추어진 사권은 없다. 아난다여, '내가 수행승의 승단을 이끌어간다'라든가 '수행승의 승단이 나에게 지시를 받는다'라든가 하더라도 수행승의 승단에 관하여 더 이상 무엇을 언급할 것인가?

아난다여, 여래는 이와 같이 '내가 수행승의 승단을 이끌어간다'라든가 '수행승의 승단이 나에게 지시를 받는다'라고 생각하지 않는다. 내가 수행승의 승단에 관하여 더 이상 무엇을 언급할 것인가?

_『쌍윳따니까야』 제47쌍윳따 '질병', 전재성 역

사권師拳이란 스승이 임종할 때, 단체를 이끌 상수제자에게 비밀리에 비결이나 최후의 진리나 표식 등을 보여주는데, 이때 그 주먹을 펴서 보여준다는 것을 의미합니다. 따라서 사권은 스승의 뒤를 이어 승단을 지휘할 수 있는 일종의 법통을 의미한다고 볼 수 있습니다. 즉 아난 존자는 누가 앞으로 승단을 이끌어가야 하는지 부처님께 지시를 받고자 합니다.

그러나 부처님은 사권을 묻는 아난 존자에게 진리는 남김없이 모두 설해졌으니, 당신에게는 어떠한 사권도 없으며, 또한 승단에 어떠한 지시도 하지 않는다고 말씀합니다. 부처님이 사권을 묻는 아난 존자에게 남긴 말씀은 무엇일까요?

"아난다여, 그러나 나는 지금 늙고 노쇠하고 연로하고 만년에 이르렀으며 내 나이 80이 되었다. 아난다여, 예를 들어 낡은 수레가 가죽 끈에 의지하여 가듯이, 아난다여, 여래의 몸도 가죽 끈에 의지하여 가는 것과 같다.
그러므로 아난다여, 자신을 섬으로 하고 자신을 귀의처로 하지 남을 귀의처로 하지 말고, 법을 섬으로 하고 법을 귀의처로 하지 다른 것을 귀의처로 하지 말라.
아난다여, 이제 내가 멸도한 뒤에 아난다여, 자신을 섬으로 하고 자신을 귀의처로 하지 남을 귀의처로 하지 않고, 법을 섬으로 하고 법을 귀의처로 하지 다른 것을 귀의처로 하지 않는다면 아난다여, 그들은 배우고자 열망하는 나의 수행승들, 최상의 사람들이 될 것이다."

_『쌍윳따니까야』 제47쌍윳따 '질병'(요약)

이 경이 그 유명한 자신과 법을 섬(등불로 번역되기도 합니다)으로 하고, 자신과 법을 귀의처로 하라는 부처님의 법문입니다. 누가 후계자인지 묻는 아난 존자에게 답한 부처님의 말씀은 매우 단호합니다. 승단이 그 누구에 의지한다는 것은 옳지 않으며, 오로지 진리에 의지하고 진리를 섬으로 하여 스스로 수행하라고 했습니다. 후계자는 따로 정해져 있는 것이 아니라, 부처님의 가르침에 따라 수행을 하는 사람이면 누구나 부처님의 후계자입니다.

부처님은 자신과 가까이 있는 제자를 이렇게 설명했습니다.

"비구들이여! 설령 비구가 내 가사의 끝자락을 붙잡고 걸음마다 내 뒤를 따른다 해도, 그가 만약 욕망의 대상을 탐하고, 거칠게 성을 내며, 남의 불행을 기뻐하는 마음을 지니며, 생각이 삿되고, 주의 깊음이 없으며, 사려가 깊지 않으며, 정신 집중이 되지 못하고, 마음이 산란하고 감각기관이 제어되지 못하면, 그는 내게서 멀리 떨어져 있고, 나 또한 그에게서 멀리 떨어져 있다.

그것은 무슨 까닭인가?

비구들이여! 그 비구는 진리를 보지 못한다. 진리를 보지 못하기 때문에, 그는 나를 보지 못한다.

비구들이여! 비록 그 비구가 내게서 백 요자(약 480킬로미터, 먼 거리를 뜻함) 거리만큼이나 떨어져 살고 있어도, 그가 욕망의 대상을 탐하지 않고, 거칠게 성을 내지 않으며, 남의 불행을 기뻐하는 마음을 지니지 않으며, 생각이 삿되지 않고, 주의 깊음이 이루어져 있으며, 사려가 분명하고, 마음 집중이 되어 있고, 마음이 한결같고 감각기관이 제어되어 있으면, 그는 내게 가까이 있으며, 나 또한 그에게서 가까이 있다."

_『이티부따까』 제3장 '가사의 끝자락'

10. 참사람의 길

이제 마지막으로 부처님의 제자, 즉 불자가 된다는 것의 의미에 대해 생각해야 할 차례입니다. 불자가 된다는 것은 동호회의 회원이 되거나 정치단체의 당원이 되거나 스포츠센터의 멤버쉽을 얻는 것과는 다릅니다. 계를 받거나 삼귀의를 하거나 출가를 하는 등 외형적인 것도 중요하지만, 부처님의 문제의식을 우리 스스로의 것으로 받아들이는 것이 더 본질적인 귀의라고 생각합니다. 그러므로 과연 부처님의 문제의식을 우리 자신의 문제의식으로 받아들이고 있는지 스스로 물어야 합니다. 그럴 때 비로소 불자의 의미를 깨달을 수 있다고 생각합니다.

먼저 그 옛날 평생을 부처님의 제자로서 살아가기 위해 집을 나선 출가자들을 생각해 봅니다. 출가자라고 하여 언제나 청정한 마음을 지키기는 어렵습니다. 다음은 부처님이 출가자들을 경책하는 내용이 담긴 경입니다. 무엇보다 우리의 관심을 끄는 것은 이 가르침이 갓 출가한 비구들에게 한 말씀이기 때문입니다.

한때 부처님이 까삘라밧투의 니그로다 승원에 계셨을 때였다.

부처님은 이른 아침에 비구들을 크게 꾸짖으셨다. (주석에 의하면, 비구들이 앉거나 눕는 깔개를 나누면서 서로 소란을 일으켰기 때문입니다.) 비구들을 꾸짖으신 후, 부처님은 아침 탁발을 마치고 숲 속 나무 밑에서 혼자 앉아 계셨다. 그때 부처님에게 출가한지 얼마 되지 않은 수행승들이 떠올랐다. 그리고 이렇게 생각했다. '내가 수행승의 무리를 꾸짖었지만, 이 세상에는 가르침과 계율에 들어온지 얼마 되지 않은 새내기 수행승들이 있다. 마치 어린 씨앗이 물을 얻지 못하면 움츠러들고 싹이 트지 못하는 것처럼, 그들이 나를 보지 못하면 움츠러들고 싹이 트지 못할 것이다.' 이렇게 생각하고 부처님은 새내기 비구들을 찾아갔다.

"비구들이여, 이처럼 밥을 얻어먹는 것, 이것은 남이 경멸하는 말할 수 없이 천한 생존수단이다. 비구들이여, 세상에는 '너, 밥을 얻어먹는 자야! 밥그릇을 들고 돌아다니는구나!'라고 말하는 것은 남을 욕할 때 흔히 쓰는 말이다. 그러나 바로 이런 삶을 좋은 집안의 젊은 사람들이 선택한 것이니, 이유가 있고 목적이 있는 것이다. 수행자들이 그렇게 하는 것은, 왕이 시켜서도 아니고, 강도가 시켜서도 아니고, 빚이 있어서도, 두려워서도, 혹은 다른 생계수단을 잃어서도 아니다. 그러나 '우리는 태어남, 늙음, 죽음, 우울, 슬픔, 고통, 비탄과 절망에 묶여 있다. 고통에 눌려 있으며, 고통에 의해 괴로움을 당하고 있다. 그래도 이 모든 괴로움의 덩어리가 그치는 것을 알아낼 수 있다'는 생각으로 그렇게 하는 것이다."

_『이티부따카』 제3장 '생존수단'
_『쌍윳따니까야』 제22쌍윳따 '걸식의 경'(요약)

　　불교에서 말하는 괴로움은 한 개인의 심리적인 절망을 뜻하기보다, 사람 사이에 일어나는 미움·분노·폭력의 충동과 그런 충동이 담겨져 있는 의식 전체입니다. 우리가 과연 이것을 자신의 문제로 받아들이고 있는지 물어야 합니다. 혹 마음속 깊은 곳에서 오히려 이것을 문제로 보지 않는 것은 아닐까요? 지금 우리에게 절실한 것은 왜 우리가 이것을 문제로 받아들이지 않는지 그 의식상황을 성찰하는 것입니다. 이러한 문제의식은 꼭 불교인의 문제의식이라기보다 인간의 보편적인 상황에 대한 문제의식으로 볼 수 있습니다.

　　부처님이 살던 시대는 세상이 혼란하고 전쟁이 빈번했습니다. 도덕적인 지주가 되어야 할 바라문들은 왕을 위해 전쟁의 승리를 빌어주었습니다. 이들은 갖가지 명목의 제사를 지내며 많은 짐승들을 죽였고, 대신 얻은 제사의 공물로 호화로운 삶을 살았습니다. 도덕이 땅에 떨어지고 귀족이나 사제들은 소유와 감각적 쾌락에 몰두했습니다. 빈부의 차는 날로 격심해지고, 약한 나라는 강한 나라의 폭력에 고통을 당했습니다.

　　싯다르타는 왕족의 한 사람으로서 몸소 이 현실을 목격했습니다. 그리고 욕망과 집착에 묶여있는 세상 사람들의 근심과 걱정을 자신의 문제로 삼았습니다. 우리 또한 불자로서 이 문제에 대한 분명한 인식이 있을 때 평화를 찾으려는 마음이 일어납니다.

평화를 구한다는 것은 『맛지마니까야』 영역본에는 what is wholesome and the supreme state of sublime peace(착하고 건전하며 위없는 최상의 평화의 상태)를 구하는 것으로 번역되어 있습니다. 한역 경전(북전 증아함경)에는 "병이 없는 위없이 안온한 열반을 구하고, 늙음도 없고 죽음도 없으며 근심 걱정도 없고 더러움도 없는 위없이 안온한 열반을 구한다"(欲求無病 無上安隱涅槃 無老無死 無愁憂慼 無穢汚 無上安隱涅槃故)고 설명하고 있습니다.

그렇다면 악하고 불건전한 것은 구체적으로 무엇을 의미할까요?

"싸리뿟따가 말했다.

벗들이여, 어떠한 것이 악하고 불건전한 것인가?

① 생명을 죽이는 것이 악하고 불건전한 것이고,

② 주지 않는 것을 빼앗는 것이 악하고 불건전한 것이고,

③ 사랑을 나눔에 잘못을 범하는 것이 악하고 불건전한 것이고,

④ 거짓말을 하는 것이 악하고 불건전한 것이고,

⑤ 이간질을 하는 것이 악하고 불건전한 것이고,

⑥ 욕지거리하는 것이 악하고 불건전한 것이고,

⑦ 꾸며대는 것이 악하고 불건전한 것이고,

⑧ 욕심이 악하고 불건전한 것이고,

⑨ 분노가 악하고 불건전한 것이고,
⑩ 삿된 견해가 악하고 불건전한 것입니다.
이것을 악하고 불건전한 것이라고 합니다."

_『맛지마니까야』 제1품 '올바른 견해의 경', 전재성 역

위 열 가지 악하고 불건전한 것은 당시 현실을 반영한 가르침입니다. 위 열 가지의 의미를 다음 경전을 통해 좀더 살펴보겠습니다.

① 살아 있는 생명을 죽입니다. 그는 잔인하여 손에 피를 묻히고 살육에 전념하고, 살아 있는 존재에 대하여 자비심이 없습니다.
② 주지 않는 것을 빼앗습니다. 그는 마을이나 또는 숲에 있는 다른 사람의 부와 재산을 함부로 빼앗습니다.
③ 사랑을 나눔에 잘못을 범합니다. 부모의 보호를 받고, 형제자매의 보호를 받고, 친족의 보호를 받거나, 이미 혼인했거나, 주인이 있거나, 법의 보호를 받거나, 약혼자가 있는 여자와 관계합니다.
④ 거짓말을 합니다. 법정이나 모임이나 왕 앞에서 증인으로 불려가 모르면서도 안다고 하거나 알면서도 모른다고 답합니다. 이와 같이 고의로 위증을 합니다.
⑤ 이간질을 합니다. 화합을 파괴하고 사이를 갈라놓고 파란을 좋아하고 파란을 일으킵니다.
⑥ 욕지거리를 합니다. 거칠고 난폭한 말로 남을 괴롭힙니다.

⑦ 꾸며대는 말을 합니다.

⑧ 탐욕스럽습니다. 다른 사람의 부와 재산을 탐합니다.

⑨ 분노하는 마음을 지니고 있습니다. 모든 생명들이 살아 있기를 바라지 않고, 해칠 의도를 가지고 있습니다.

⑩ 잘못된 견해를 가지고 있습니다. 욕망과 고통의 인과관계를 무시하고 세상을 허무하게 보는 의견을 가지고 있습니다.

_『맛지마니까야』 '베란자의 장자에 대한 경'(요약)

살아 있는 생명을 죽이는 것은 전쟁으로 혼란한 현실을 반영하고 있습니다. 권력을 잡거나 지키기 위해 정적을 죽이는 일은 지금도 일어나고 있습니다. 빼앗는 것은 단순히 도적을 비난하는 것이 아니라, 마을이나 숲에 있는 다른 사람의 재산을 빼앗는 것을 말합니다. 이 역시 당시 권력자나 힘 있는 자의 폭력과 관계되어 있다고 보지 않을 수 없습니다. 우리가 흔히 불음계不淫戒, 즉 음란하지 말라는 계율도 개인적인 방탕을 경계하는 가르침으로 볼 수도 있지만, 위 경전의 설명에 따르면 부모 형제의 보호를 받고 있거나 약혼자가 있는 처녀를 범하는 폭력을 뜻합니다. 이런 성격의 음란은 힘있고 권세있는 자가 욕심을 품어야 할 수 있는 일입니다. 거짓말은 법정에서의 위증입니다. 위증을 하면 죄없는 사람들이 고통을 받게 됩니다.

부처님은 위와 같이 생명을 죽이고 남의 것을 빼앗고, 성적 약탈과 폭력을 행하며 사람을 기만하는 일체의 폭력·분노·해침의 현실을 보았습니다. 인간의 문제를 전체적인 사회 현실에서 이해한 것입니다.

오늘 우리의 현실 속에도 여전히 폭력과 분노가 살아 있습니다. 아프가니스탄에서 일어난 일이나 가까이는 우리가 겪은 육이오 전쟁이 이 엄청난 고통을 증명하고 있습니다. 전쟁에서 가장 큰 희생자는 약한 자와 여자와 어린이입니다. 전쟁 속에서 사람들은 살아남기 위해 양심을 속이고, 폭력·거짓·폭행·경쟁의식들을 일상화합니다. 아프가니스탄 여성들이 굶주림에서 벗어나기 위해 유엔관리들에게 몸을 파는 일이 보도되기도 했습니다.

부처님은 자비와 연민을 늘 강조했습니다. 부처님은 네 가지 한량없는 마음(四無量心)을 가르쳤습니다. 네 가지는 자·비·희·사(慈·悲·喜·捨)입니다. 즉, 남에게 벗이 되어주는 우정(慈), 남의 고통을 같이 아파하는 연민(悲), 남의 즐거움을 같이 하는 기쁨(喜), 남을 죽이거나 해치려는 뜻이 없는 평정(捨) 등입니다.

무량한 마음은 자신의 욕망에 묶여 있지 않는 마음입니다. 부처님은 묶여 있는 자비와 묶여 있지 않은 자비에 대해 이렇게 설명했습니다.

"비구들이여! 세상에는 세 종류의 사람이 있다. 세 종류란 어떤 것인가?

비 없는 구름과 같은 사람, 몇몇 지역에만 내리는 비와 같은 사람, 어디서나 모든 곳에 내리는 비와 같은 사람이 그것이다.

자, 비구들이여! 비 없는 구름과 같은 사람이란 어떤 사람인가? 여기 어떤 사람은 어느 누구에게도 베풀지 않는다. 그는 사문과 바라문, 가난한 사람, 떠돌이와 밥을 비는 사람에게 먹을 것, 마실 것, 입을 것, 수레, 꽃다발, 향, 약, 침구, 머물 곳과 등불을 베풀지 않는다. 이와 같은 사람을 비 없는 구름과 같은 사람이라 한다.

자, 비구들이여! 몇몇 지역에만 내리는 비와 같은 사람이란 어떤 사람인가?

여기 어떤 사람은 몇몇 사람들에게는 베풀지만, 다른 사람들에게는 베풀지 않는다. 먹을 것이나 마실 것, 입을 것, 수레, 꽃다발, 향, 약, 침구, 머물 곳과 등불을 오직 몇몇 사문과 바라문, 몇몇 가난한 사람, 떠돌이와 밥을 비는 사람에게는 베풀지만, 다른 사람들에게는 베풀지 않는다. 이 사람을 몇몇 지역에 따라 내리는 비와 같은 사람이라 한다.

자, 비구들이여! 어디서나 모든 곳에 내리는 비와 같은 사람이란 어떤 사람인가?

여기 어떤 사람은 모든 사람들에게 베푼다. 먹을 것이나 마실 것, 입을 것, 수레, 꽃다발, 향, 약, 침구, 머물 곳과 등불을 모든 사문과 바라문, 가난한 사람, 떠돌이와 밥을 비는 사람 모두에게 베푼다. 이와 같은 사람을 어디서나 모든 곳에 내리는 비와 같은 사람이라 한다.

비구들이여! 이 사람들이 이 세상에서 볼 수 있는 세 종류의 사람들이다."

_『이티부따까』 제3장 비 없는 구름

조건 없는 자비는 불교의 큰 특징입니다. 부처님의 가르침에 따라 많은 사람들이 조건없는 자비를 실천했습니다. 부처님 당시 마가다국과 꼬살라국 두 나라는 다른 나라에 비해 영토가 넓고 국력이 강한 나라였습니다. 그러므로 꼬살라국의 신하들 또한 부와 권력이 대단했으리라 짐작할 수 있습니다. 다음은 부처님이 먼 길을 떠나려 하자 부처님에게 귀의한 꼬살라국 신하들이 찾아와 인사를 하면서 나눈 이야기입니다.

"세존이시여, 저희들은 꼬살라국 빠세나디 왕의 대신입니다. 왕이 공원에 들어가실 때에는 저희들로 하여금 큰 코끼리를 타게 하고 왕이 제일 사랑하는 궁녀들을 태우는데, 한 여자는 우리 앞에 타게 하고 한 여자는 우리 뒤에 타게 하고는 우리를 그 가운데 앉게 하십니다. 그리하여 코끼리가 비탈길을 내려올 때엔 앞에 있는 여자는 우리의 목을 끌어안고 뒤에 있는 여자는 우리의 등을 붙잡습니다. 또 반대로 코끼리가 비탈길을 올라갈 때에는 뒤에 있는 여자는 우리의 목을 끌어안고 앞에 있는 여자는 우리의 옷자락을 붙잡습니다. 그리고 저 여러 궁녀들은 왕을 즐겁게 하기 위해 비단옷을 입고 온갖 묘한 향을 바르며 보석으로 장엄하고는 우리와 더불어 놀았지만, 항상 세 가지 일을 조심하곤 하였습니다. 첫째는 코끼리를 몰되 바른 길을 잃을까 두려워하는 것이고, 둘째는 제 자신의 마음을 단속하여 물들어 집착할까 두려워하는 것이며, 셋째는 제 자신의 몸을 단속하여 거기 넘어지고 떨어질까 두려워하는 것이었습니다.

세존이시여, 저희들은 그때 왕의 여자들에 대해 잠깐이라도 바른 사유를 하지 않은 적이 없었습니다."

부처님께서 장자들에게 말했다.

"훌륭하고, 훌륭합니다. 자신의 마음을 잘 단속하였습니다."

장자들이 부처님께 말씀드렸다.

"저희들 집에 소유하고 있는 모든 재물을 늘 세존과 모든 출가자나 재가자들과 함께 같이 쓰겠으며, 내 것이라고 생각하지 않겠습니다."

부처님께서 장자들에게 말했다.

"훌륭하고, 훌륭합니다. 그대들은 이 꼬살라국에서 돈과 재물로는 대단한 부자라 그대들과 견줄 이가 없거늘, 저 많은 재물에 대하여 내 것이라고 생각하지 않는군요."

_『잡아함경』 제31권 전업경, 동국역경원(요약)

신하들은 빠세나디 왕을 수행할 때 늘 유혹과 위험 속에 살았습니다. 신하들이 코끼리를 타고 비탈길을 따라 오르내리면, 보석과 향수로 치장한 왕의 여자들이 앞뒤로 붙잡게 됩니다. 만약 마음을 다잡지 못하고 유혹에 떨어지면, 자신의 목숨은 물론 가족마저 위태롭게 됩니다. 이런 유혹과 위험 속에서 신하들은 부처님을 기억했습니다. 욕망의 결과를 살피는 바른 사유를 실천했으며, 무아無我의 진리를 따라 자신의 소유를 이웃과 함께 나누었습니다. 부처님은 가르침을 실천하며 곧은 마음으로 사는 이들을 찬탄했습니다. 위 전업경은 2,500년 전 부처님의 가르침을 따르는 재가불자들의 삶을 생생하게 보여주고 있습니다.

역사를 보면, 유혹과 위험은 상황에 따라 늘 다르게 나타납니다. 구한 말 유학자들은 자본주의가 우리나라에 들어오면 사람들이 돈만 밝히고 인륜을 잊어버릴 것이라고 경고했습니다. 자본주의는 잘 알다시피, 소유를 법적으로 인정하는 제도입니다. 그러나 끝 모를 소유의 욕망을 인정한 결과 도덕적 타락이 만연하게 되었습니다. 경기의 상승과 하강이 불투명하며, 과도한 소비는 국가권력으로 하여금 전 세계 자원의 독점을 부추깁니다. 특히 석유를 차지하기 위한 전쟁이 불가피하게 일어나고 있습니다. 환경이 파괴되고 생태계의 혼란이 오고 있습니다. 빈부차가 격심해졌지만 도덕의 타락은 이 현실을 방치했습니다. 사람의 가치는 오직 생산성에 의해 평가되고 있습니다. 경쟁과 성공을 부추기는 사회에 사는 사람은 그래서 더욱 소유에 집착합니다.

미국 시카고에 있는 윌로우 크릭(Willow Creek)교회는 2006년도 미국에서 가장 영향력이 있는 50개 교회 중 1위를 차지한 교회입니다. 교회 성장을 꿈꾸는 전 세계 개신교 지도자들이 이 교회를 방문하고 있습니다. 최근 이 교회는 지난 32년 동안 자신들이 행한 목회활동의 결과를 발표했는데, 그 결과가 세상을 놀라게 하고 있습니다. 그 동안의 사목활동이 결과적으로 실패했다고 공개적으로 고백한 것입니다. 다양한 영성프로그램을 도입하고 교회의 환경을 개선하여 신도들의 수가 획기적으로 늘었지만, 정작 교회 신도들의 의식을 조사해본 결과 성서의 가르침대로 하느님과 이웃을 사랑하고 있다는 확신을 얻지 못했다는 것입니다. 밖에서는 최고의 교회라고 세상이 평가해주었지만, 참다운 신앙과 거리가 먼 신도들의 실상을 발견한 것이지요. 저는 이념과 현실의 괴리를 발견하고 그 모순을 스스로 인정할 줄 아는 이 교회의 지성을 높이 평가하고 싶습니다.

불교계 또한 같은 문제를 안고 있지는 않을까요? 기도를 하면 원하는 것을 다 성취한다고 가르치지만, 이런 생각이 역으로 소유나 물질적 가치를 부추기는 것은 아닐까요?

경쟁과 성공을 부추기는 사회는 겉으로는 발전하는 것처럼 보이지만, 인색함, 무관심, 분노, 허무, 슬픔, 폭력적인 사고가 만연하고 있습니다. 정보는 넘치지만, 신문과 텔레비전에 나오는 말 외에는 달리 할 말이 없습니다. 휴가는 스트레스를 해소하거나 다시 일하기 위한 재충전일 뿐, 삶의 의미를 성찰하는 지성이 끼어들 여지가 없습니다. 소비는 넘치지만 누구도 파괴되는 자연을 돌아보지 않습니다. 인간이 환경을 파괴하자, 반대로 공해가 인간의 생태에 위협을 주고 있습니다. 동남아에서 일어난 쓰나미의 대재앙이나 소에게 육식 사료를 먹여 일어난 광우병 등의 재앙이 사람의 생존을 위협하고 있습니다.

우리 사회는 사람과 사람, 사람과 자연 사이의 소통이 막혀 있습니다. 소통과 나눔을 말하지만, 현실의 벽이 높습니다. 자연과 인간이 함께 조화롭게 지내기 위해서는 지구 환경이 지속가능하도록 인간이 스스로 자신의 삶을 바꾸어야 한다는 담론이 주목을 받고 있습니다. 자발적인 가난이 새로운 해결책으로 떠오르고 있습니다.

아동문학가 고 권정생 선생(1937~2007)은 자발적 가난을 실천한 분입니다. 권 선생은 여러 권의 작품을 남겼고 독자가 많아 인세수입도 꽤 되었습니다. 그러나 수입을 모두 가난한 사람들을 위해 기부하고, 정작 본인은 병으로 고통을 받으면서도 오두막집에서 가난하게 살았습니다. 자신을 만나러 안동까지 온 사람들을 보고 먼 곳까지 오느라 석유를 낭비하고 먼지와 공해를 일으키는 것이 과연 신의 뜻인지 물었습니다.

불교계에는 자발적 가난을 실천하는 훌륭한 출가자들이 많습니다. 어려운 가운데에서도 검소하게 살며 가난한 이들을 돕는 재가불자들도 많습니다. 생존경쟁이 갈수록 치열해지는 우리 사회에서 이 길을 걷는 것이 결코 쉽다고 할 수 없습니다. 사회적 체제를 바꾸지 않고 일방적으로 개인의 변화를 요구하는 것도 무리지만, 그렇다고 체제의 변화가 어렵다는 구실로 자신의 행동을 미루는 것도 무책임한 태도입니다. 진리의 빛은 어둠을 이겨냅니다. 예로부터 허무나 냉소를 이길 수 있는 것은 오직 영원한 진리의 빛에 의지할 때였습니다. 부처님은 소유에 대한 집착을 성찰하고 한 걸음 더 나아가 무아無我를 깨닫기를 가르칩니다. 이 길이 곧 삶과 죽음을 넘어서는 해탈의 길이라고 말씀했습니다.

진실로 이 생은 짧다. 사람은 백년을 살지 못하고 죽는다. 설사 그 너머를 산다고 해도, 결국 늙음으로 인해 죽고 만다.
'내 것'이라고 생각하는 것은 무엇이나 그 사람의 죽음과 더불어 사라진다. 진실로 이것을 이해하여, 나를 따르는 벗, 현자는 소유를 향해 마음을 기울여서는 안 된다.
이런저런 명성으로 눈에 보이고 귀에 들리는 사람들이 있다. 그러나 그 사람도 세상을 떠나면, 오직 이름만 남아 입에 오를 뿐이다. 자기가 아끼는 것에 탐욕을 부리는 사람은 근심과 슬픔과 집착을 버리지 못한다. 그러므로 현자는 해탈의 평안을 찾아, 소유를 버려야 한다.

_『숫타니파타』 제4장 여덟 구절의 시 '늙음'(요약)

부처님과 그 제자들은 하루 한 끼를 얻어먹으며 평생을 집 없이 산 사람들입니다. 자신을 낮추어 거지와 같은 삶을 선택했지만, 말과 생각과 행동이 자비로웠습니다. 옷 한 벌과 얻어먹을 밥그릇 하나만 소유하면서도 부끄러움이 없는 삶을 실천했습니다. 자연과 인간을 함부로 해치는 일을 삼가며, 선善을 향한 노력을 기울였습니다. 집 없이 떠돌면서도 선정과 성찰을 닦아 평정과 기쁨을 누렸습니다. 삶과 죽음을 넘어서는 최고의 깨달음을 얻어, 우정을 나누는 공동체를 실현했습니다. 2,500년 전 부처님의 삶과 깨달음은 새로운 생존방식을 모색하는 현대인에게 오래된 비전을 보여주고 있습니다.